Aumenta la tua produttività nell'era dell'iPad® e del GTD®

EMANUELE CASTAGNO

Copyright © 2015 Emanuele Castagno

All rights reserved.

ISBN-13: 978-1503092402

A mia moglie Daniela e ai nostri figli Giada e Matteo.

INDICE

	Disclaimer	i
	Istruzioni	3
	L'autore	4
	Prefazione	8

Sezione 1: La produttività

1	Definiamo i nostri obiettivi	13
2	Scegliamo le attività	21
3	Tip & Tricks	26
4	Time pockets	47

Sezione 2: La gestione del tempo

5	La metodologia GTD® di David Allen	55
	Raccolta	60
	Analisi	100
	Organizzazione	104
	La gestione progetti con l'iPad	164
	Le mappe mentali (mind map)	170
	Esecuzione	182
	Lo strumento delle check-list	187
	Verifica del sistema	190

Flusso GTD® con iPad　　　　　　　　　　　　　195

La nostra pagina principale applicazioni iPad per
GTD®　　　　　　　　　　　　　　　　　　　196

Inbox Zero　　　　　　　　　　　　　　　　197

Bibliografia　　　　　　　　　　　　　　　　202

DISCLAIMER

Emanuele Castagno non è licenziatario, certificato, omologato, o approvato o affiliato con David Allen o con la società the David Allen Company che è l'ideatore del sistema Getting Things Done® per la produttività personale. GTD® e Getting Things Done® sono marchi registrati della David Allen Company. Per ulteriori informazioni sui prodotti della società David Allen Company, si prega di visitare il loro sito web: http://www.davidco.com.

Nomi di marchi, loghi e immagini protetti da copyright compaiono in questo libro. Nei casi in cui non compaia il simbolo di marchio con ogni occorrenza di un nome di marchio, logo o immagine è solo a scopo editoriale e a beneficio del proprietario del marchio, senza alcuna intenzione di violazione del marchio.

I prezzi riportati delle applicazioni citate in questo libro sono indicativi perché possono essere variati in continuazione dagli sviluppatori delle stesse. Prima di eventuali acquisti verificate il prezzo corrente.
Anche i prezzi delle soluzioni hardware proposte sono indicativi.

Ogni cura è stata posta nella raccolta e nella verifica della documentazione contenuta in questo libro. Tuttavia l'autore non può assumersi alcuna responsabilità derivante dall'utilizzo della stessa.

ISTRUZIONI

Nel libro sono presenti numerosi collegamenti web a risorse esterne, utili per approfondire gli argomenti, prelevare le applicazioni consigliate e altro. Per facilitare l'accesso a queste risorse, spesso identificate da indirizzi web lunghi, complicati da ricordare e da digitare su i browser web, sono disponibili i QR Code.

I QR Code sono dei codici a barre bidimensionali e si presentano come il seguente:

Utilizzando una qualunque applicazione per iPad®, iPhone® o smartphone per leggere i QR Code è possibile, semplicemente inquadrandoli, essere indirizzati automaticamente alla pagina web cui fa riferimento il codice. Due applicazioni gratuite per iPhone® e iPad® per leggere i QR Code sono disponibili su App Store e sono rispettivamente "QR Reader for iPhone" e "QR Reader for iPad".

L'AUTORE

Emanuele Castagno s'innamora dei computer e della telematica dopo aver visto, a undici anni, il film WarGames e, lo stesso giorno, decide che da grande sarebbe diventato Ingegnere Elettronico.

I suoi genitori lo incoraggiano acquistandogli il primo home computer: uno Zx Spectrum 48 della Sinclair che ancora conserva in una teca.

Su questo computer Emanuele sviluppa numerose applicazioni imparando, da autodidatta, il linguaggio Basic e l'Assembler per realizzare rudimentali video games.

L'anno successivo, nel 1984, i suoi genitori, vista la sua reale passione per questo nuovo campo del sapere, lo

incoraggiano ulteriormente assecondando la sua richiesta di un computer più potente e versatile: l'Apple][e.

Grazie a questo computer, Emanuele sviluppa le prime applicazioni che vende per autofinanziarsi gli investimenti in tecnologia, spaziando da un'applicazione per uno studio dentistico a un gioco di avventura.

Insieme ai computer, Emanuele coltiva la sua grande passione per le reti di telecomunicazioni diventando un esperto della rete Itapac e poi dei BBS (Bulleting Board Systems) per poi rimanere folgorato da Mosaic e dalla nascente Internet nel 1993, durante il suo secondo anno di Ingegneria Elettronica a Genova.

L'utilizzo in mobilità dei computer lo interessa molto, ma i primi portatili - o meglio trasportabili - sono troppo costosi come il primo palmare: l'Apple Newton.

Nel 1996 fonda, con un compagno di università, la società FSC Consulting per offrire servizi alle piccole aziende in ambito Internet e networking. Sviluppa, in quegli anni, competenze di management e business development.

Dopo quattro anni, per crescere ulteriormente, cede la società ai soci per trasferirsi a Milano e accettare le sfide della new economy lavorando per framfab prima e A.T. Kearney poi. Queste esperienze lavorative gli permettono di sviluppare competenze di project management e di creazione di portali web complessi con modelli di business a supporto degli stessi.

In quegli anni, i primi palmari sono già diventati suoi compagni fedeli di avventure.

Nel 2004 accetta la sfida, offertagli da Altran, di avviare una nuova sede a Genova. Nel 2007 trascina la moglie a New York, con la scusa di una vacanza, per acquistare il primo iPhone 2G al quale sono seguiti tutti i successivi modelli acquistati, più comodamente, sotto casa. Il suo desiderio di mobilità, accesso alla rete e computer si concretizzano solo nel 2010 nell'iPad dal quale non si separa mai.

Oggi lavora nel ramo di Ingegneria del Gruppo RINA costituito da società quali D'Appolonia e Polaris sviluppando business e progetti di ingegneria avanzata in diversi settori quali: telecomunicazioni, elettronica, aeronautica, spazio e difesa, ecc. La sua professionalità, oggi, convive con il suo grande amore per la tecnologia, la mobilità, il management e lo sviluppo business, non necessariamente in quest'ordine.

Il desiderio di trasmettere le sue esperienze e le *best practice* sulla gestione del tempo con l'ausilio dell'iPad l'hanno spinto a realizzare il suo primo libro *Gestisci il tuo tempo con GTD® e l'iPad®* pubblicato sia in versione cartacea in inglese e in italiano che come e-book e applicazione. Il libro ha venduto più di 30.000 copie in un anno ed è disponibile, in formato elettronico, su iBookstore. I numerosissimi feedback ricevuti e le richieste di approfondimento sull'utilizzo dell'iPad per gestire documenti Microsoft Office quando non era ancora disponibile la suite Microsoft hanno prodotto il libro *L'iPad® per l'ufficio: lavora con i tuoi documenti Microsoft® Office* anch'esso disponibile su iBookstore. Alla prima edizione di *Gestisci il tuo tempo con GTD® e l'iPad®* è seguita una seconda edizione in cui sono stati aggiornati le applicazioni e i servizi necessari per implementare la metodologia GTD sull'iPad. E' stato aggiunto un nuovo capitolo: "Esecuzione con Microsoft Office", su come utilizzare l'iPad con documenti Microsoft Office e una nuova sezione nel capitolo "Organizzazione" su come utilizzare al meglio le mappe mentali (mind map) per aumentare la nostra produttività e focalizzazione agli obiettivi.

Dalla pubblicazione del primo libro sulla gestione del tempo sono nate interessanti discussioni per e-mail e sui forum che, partendo dalla gestione del tempo, sconfinavano in temi più generali di produttività.

Una produttività che vede la tecnologia come un alleato, uno strumento per diventare più produttivi ma con la consapevolezza che, se non utilizzata in modo adeguato, la tecnologia stessa può renderci meno produttivi. Basti pensare alle decine di ore passate in modo passivo davanti ad un televisore o a giocare per ore e ore sul tablet.

Questo libro ha l'ambizione di affrontare il tema della produttività e di come strumenti tecnologici come l'iPad, e non solo, possono incrementarla grazie a collaudate metodologie di gestione del tempo.

E' possibile inviare suggerimenti, feedback e richieste di approfondimento per le prossime edizioni a Emanuele Castagno tramite:

e-mail: emanuele.castagno@gmail.com

LinkedIN: http://it.linkedin.com/in/castagno

Twitter: https://twitter.com/ema_cas

Questo libro è anche disponibile in format e-book presso le principali librerie on-line.

PREFAZIONE

Nel libro *Gestisci il tuo tempo con GTD® e l'iPad®* ho presentato la metodologia di David Allen, Getting Things Done (GTD) per la gestione del tempo e come implementarla utilizzando l'iPad. Il tablet Apple diventa lo strumento abilitante per la sua adozione. Una gestione ottima del tempo ci rende sicuramente più produttivi se ci limitiamo a definire la produttività come una misura dell'efficienza di una persona, di convertire gli input negli output desiderati. Definendo cos'è la produttività non possiamo non considerare la dimensione tempo e quantità.

Dato un riferimento di tempo e quantità possiamo definirci più produttivi, rispetto a questo riferimento, se portiamo a termine una conversione da input a output in minor tempo a parità d'input e output o se dato lo stesso periodo, produciamo maggiori conversioni.

Questa definizione si applica perfettamente a un sito produttivo o a una macchina. Ma la produttività individuale nell'era dei knowledge worker ovvero di chi opera e lavora attraverso le informazioni (Peter Druker) merita un approccio più ampio.

Per i knowledge worker la produttività non risiede solo nella quantità d'input da trasformate in output ma bensì nella scelta di quali input convertire.

Secondo quali input decideremo di trasformare prima, potremo avvicinarci più o meno velocemente al nostro obiettivo ovvero al motivo stesso per cui gestiamo e trasformiamo questi input in output.

Da questo punto di vista, la velocità di trasformazione/esecuzione riduce la sua importanza difronte alla scelta delle azioni da eseguire. Questa scelta dipende, ovviamente, da quali obiettivi ci saremo prefissati a breve, medio e lungo termine.

Scopriremo come la visualizzazione di questi risultati nella nostra mente può diventare il motore e l'energia per la nostra produttività.

Scopriremo altresì come identificare il 20% delle attività che da sole ci portano l'80% dei risultati, ovvero il fatto che l'80% dei risultati derivi dal 20% delle cause.

La produttività è fortemente correlata alla capacità di acquisire la consapevolezza che il cervello umano non è stato "progettato" per eseguire più attività in contemporanea, in altre parole, nel gergo informatico, non è efficiente se lavora in multitasking. Quando lo costringiamo a farlo perdiamo efficienza e generiamo stress.

La nostra capacità di comprendere quando è necessario interrompere le attività, perché troppo stanchi, e la consapevolezza che stiamo volontariamente procrastinando un'attività che non gradiamo fare, concorrono a renderci più o meno produttivi.

Se siamo dei knowdlege worker, le nostre attività e decisioni si basano sulle informazioni che dobbiamo avere a disposizione al momento giusto e organizzate in modo efficiente.

Proprio sul tema informazione, disponibilità della stessa e organizzazione, può esserci molto utile l'iPad che, oltre ad aiutarci a gestire meglio il tempo, ci aiuta a diventare più produttivi secondo le definizioni prima riportate.

Accendendo per la prima volta l'iPad, notiamo subito che l'Apple l'ha dotato, in partenza, di applicazioni che richiamano più un utilizzo Internet/multimediale piuttosto che professionale ma, l'hardware dell'iPad, sia nella prima versione sia a maggior ragione nelle successive, è in grado di supportare qualunque applicazione business in mobilità.

In vero, questo corredo di applicazioni, più Internet/multimediale, non ne ha limitata la diffusione tra numerosi utilizzatori che desiderano usarlo come strumento di supporto alle attività professionali.

Vedremo come queste potenzialità multimediali possono, in alcuni casi, trasformare dei tempi morti in ore e ore di produttività.

Questo libro nasce dalla mia grande passione per le tecniche di management, di produttività personale e amore per le tecnologie mobili.

Dedico la maggior parte del mio tempo libero a sperimentare le migliori e più produttive integrazioni tra l'iPad e dispositivi a esso collegati come penne, tastiere, scanner, ecc.. e le migliori tecniche di management e di produttività individuale e di team.

In questo libro troverete spesso descritte, non tanto delle prove comparative tra soluzioni software o hardware, ma le scelte da me sperimentate e adottate con successo.

Le mie scelte non hanno la pretesa di essere le migliori in assoluto, e poiché è impossibile dato il ritmo con cui nuove soluzioni nascono ogni minuto, ma sono, semplicemente, delle possibili soluzioni che, a mio giudizio, dopo un'adeguata sperimentazione "sul campo", sono valide e adattabili a molteplici contesti.

All'interno di questo libro ho raccolto anche una serie di *best practice*, acquisite negli anni attraverso sperimentazioni personali, letture di libri, blog o semplici post sui forum, da me rielaborate per meglio adattarsi al mio *modus operandi* e contesto professionale. Per l'approfondimento di queste *best practice* ho inserito i link ai relativi autori per approfondire direttamente dalla fonte stessa.

In questi numerosi anni di studio e sperimentazione, sono giunto alla conclusione che, per quanto perfetta possa essere una soluzione, una metodologia cartacea, digitale, software o hardware, per diventare più produttivi, questa non è mai universalmente adottabile.

Una soluzione che non si adatta per nulla a una persona, al suo modo di lavorare, di agire, può essere lo strumento vincente per un'altra.

Per questo motivo è importante sperimentare e personalizzare le metodologie e le tecnologie riportate in questo libro al proprio modo di vivere e lavorare. E anche quando siamo certi di aver trovato l'ecosistema che ci rende massimamente produttivi, non dobbiamo mai smettere di cercare di migliorare come persone, come strumenti e metodologie.

Scopriremo quindi nei prossimi capitoli come diventare più produttivi:

1. Definendo chiari obiettivi a breve, medio e lungo termine sia in campo professionale che personale.

2. Identificando quali attività, se portate a termine, producono il massimo dei risultati.

3. Adottando veloci ed economici accorgimenti che ci rendono immediatamente più produttivi: Tips & Tricks.

4. Sfruttando i tempi morti grazie all'iPad e alla tecnologia in generale: i time pocket.

5. Gestendo in modo ottimale il nostro tempo grazie alla metodologia GTD di David Allen e l'iPad.

6. Applicando la metodologia GTD all'e-mail imparando come avere una mailbox sempre vuota: Zero Inbox.

SEZIONE 1

La Produttività

1 DEFINIAMO I NOSTRI OBIETTIVI

Sono fermamente convinto che la mente umana naturalmente si pone degli obiettivi anche se, spesso, inconsapevolmente. Da bambini ci siamo posti obiettivi a breve termine, da giocare prima di cena ad andare il giorno dopo ai giardini e tutto con una pianificazione naturale dei nostri obiettivi. La prima volta che si realizza la necessità di porci obiettivi a medio/lungo termine è probabilmente al termine delle scuole dell'obbligo. Se il nostro obiettivo a lungo termine sarà fare il medico sceglieremo probabilmente di frequentare un Liceo con la speranza di acquisire la cultura necessaria per superare l'esame di ammissione alla Facoltà di Medicina, dopo la maturità.
Fissato l'obiettivo, sarà naturale o più facile identificare gli strumenti e i passi che ci servono per raggiungerlo.
Più gli obiettivi sono sfidanti e più gli stessi ci danno l'energia e la motivazione per raggiungerli, proiettando nella nostra mente la sensazione di soddisfazione che proveremo una volta che li avremo realmente raggiunti.
Numerosi studi hanno dimostrato come la visualizzazione, nella nostra mente dell'obiettivo ci aiuti ad avere le energie per raggiungerlo e a fare

le scelte che più ci avvicinano al risultato.

Se ripercorro a ritroso i miei quarant'anni, alla ricerca del primo obiettivo a lungo termine, arrivo all'ultimo o penultimo anno delle scuole elementari, quando, la visione di un film, WarGames, ha generato in me l'obiettivo professionale di vivere vicino alla tecnologia. Lo stesso anno, frequentare uno dei primi club di computer della mia città e guardare ammirato degli studenti di Ingegneria Elettronica programmare un Sinclair Zx Spectrum o un Apple][, ha delineato ulteriormente il mio obiettivo trasformandolo nel diventare un Ingegnere Elettronico. A quest'obiettivo professionale primario, negli anni, se ne sono aggiunti altri anche più frivoli come comprare una moto, fare una vacanza negli Stati Uniti o, più a sfondo sociale, come diventare un educatore nei campi estivi per bimbi.

Non importa se durante il nostro percorso scopriamo che vogliamo modificare l'obiettivo, l'importante è che qualunque scelta la facciamo in modo consapevole e senza rimpianti.

Ogni obiettivo, sia esso a breve, medio o lungo termine, dobbiamo immaginarlo come un progetto, ovvero un insieme di attività quasi sempre finalizzate a cambiare qualche cosa già esistente o a crearne di nuove.

L'insieme di tante attività atomiche, dalla semplice email alla telefonata, concorrono al raggiungimento dell'obiettivo, alla conclusione del progetto.

Ma come mai tanti nostri progetti non terminano positivamente o peggio, non terminano proprio?

Tante volte i motivi sono esterni e, quindi, facilmente identificabili ma, tante altre volte, la colpa è della nostra naturale tendenza a procrastinare.

L'essere umano ha la naturale tendenza a rimandare i compiti poco piacevoli e a svolgere prima, e con maggior motivazione, quelli piacevoli.

Questa tendenza è innata nell'essere umano e l'unico modo per contrastarla è prenderne coscienza.

Odio fare le analisi al sangue e, quelle rarissime volte che a distanza di numerosi anni il medico me le prescrive, per semplice prevenzione, riesco a trovare con me stesso scuse, quasi imbarazzanti, per rimandarle di giorno in giorno se non di settimane.

Se devo dare una brutta notizia a un cliente, e questo non risponde al telefono, provo un senso di sollievo pensando di aver allontanato questo ingrato compito per qualche minuto/ora. Questo non toglie che, comunque, devo farlo prima possibile e prima lo faccio e prima posso dedicarmi a compiti più gradevoli.

Fissare dei chiari obiettivi innesca un meccanismo virtuoso di chiarezza nella scelta delle nostre azioni per avvicinarci all'obiettivo stesso e ci aiuta a essere focalizzati sugli obiettivi e a non disperdere le nostre energie.

Se l'obiettivo è chiaro, possiamo molto chiaramente misurare quanto siamo distanti dallo stesso e quanti progressi abbiamo fatto. Questa misura, se positiva, ci gratifica e ci dà nuova energia per perseguire l'obiettivo; se invece non dovesse soddisfarci, ci spingerebbe sempre nella direzione dell'obiettivo alla ricerca di un riscatto per il risultato non soddisfacente. Questo vale se, come scelta di vita, decidiamo di vedere sempre il bicchiere mezzo pieno e non mezzo vuoto.

Dobbiamo prefissarci obiettivi solo se crediamo fermamente in essi, non imponiamoci l'obiettivo di perdere 5 kg se sappiamo già in partenza che non vogliamo rinunciare alla nostra attuale alimentazione e al nostro attuale livello di attività fisica. Dobbiamo prefissarci obiettivi in cui crediamo veramente e che ci infondano loro stessi le energie necessarie per raggiungerli.

Poniamoci sempre obiettivi specifici e circostanziati nel tempo, non obiettivi generici come per esempio "imparare l'inglese", ma "entro la prossima primavera scrivere e parlare fluentemente in inglese a livello upper intermediate".

Poniamoci sempre obiettivi sfidanti, perché se non sono tali, vuol dire che sono obiettivi già raggiunti o il cui conseguimento non ci porterà le soddisfazioni desiderate.

Stiliamo una lista dei nostri obiettivi, indipendentemente che siano personali o professionali e ricordiamoci di verificare periodicamente questa lista.

Dobbiamo quindi prefissarci obiettivi che siano:

- **Realmente di nostro interesse.**
- **Chiari e misurabili.**
- **Sfidanti.**
- **Con scadenze intermedie e finali chiare e definite.**

Ricordiamoci di non "tenere in vita", con accanimento terapeutico, i progetti che, per qualunque motivo, non ci interessano più ma, consapevolmente, cancelliamoli e dedichiamoci a quelli che realmente ci ispirano e motivano.
Stiliamo quindi una lista dei nostri obiettivi partendo da quelli a lungo e medio termine sia professionali sia personali.
Ad esempio, nella mia lista, tra i personali si trovano:

- acquistare una casa più grande;
- correre la mezza maratona in 1h e 30m.

Nella lista di quelli professionali tra le prime posizioni troviamo:

- portare a termine con successo il piano industriale 2015-2018;
- ampliare l'espansione internazionale.

Invece, tra gli obiettivi a breve termine compaiono, nella categoria di quelli personali, obiettivi come pianificare le vacanze della prossima estate o in quella professionale, definire il contratto di partnership con l'azienda XYZ.

Non esiste una regola su come classificare gli obiettivi tra breve, medio e lungo termine.
Personalmente mi viene naturale, data la mia deformazione professionale da project manager, visualizzare gli obiettivi a lungo termine assimilandoli a programmi; in altre parole obiettivi che possono essere raggiunti se, e solo se, sono portati a termine tutti i progetti che compongono il programma.

Nell'esempio in precedenza riportato, relativo al mio obiettivo professionale di realizzare il piano industriale 2015-2018, questo sarà raggiunto con successo se, e solo se, verranno di volta in volta portati a termine i numerosi progetti che lo compongono.

Con lo stesso approccio, associo agli obiettivi di medio termine i progetti più ampi e a quelli di breve termine i progetti più piccoli.

I progetti sono composti da azioni, attività atomiche (es. una telefonata, una mail, un documento). L'esecuzione e il completamento di queste ci porta all'obiettivo.

Nei capitoli seguenti scopriremo che non tutte le attività hanno lo stesso impatto sui risultati e diversi criteri ci verranno in aiuto per imparare a scegliere quali svolgere in un determinato momento.

Per assegnarci degli obiettivi chiari e definiti dobbiamo risalire al significato stesso di obiettivo. Se lo ricerchiamo su diversi dizionari, troveremo definizioni simili alla seguente: "una condizione o uno stato che si desidera determinare attraverso una serie di azioni". L'obiettivo è dunque lo stato o il risultato che desideriamo raggiungere e per iniziare a identificarli basta che ci poniamo la semplice domanda "Che cosa voglio?".

Senza entrare nei meandri della Programmazione Neuro Linguistica (PNL) ritengo interessante l'approccio alla definizione degli obiettivi riportata da Robert Dilts, guru della PNL sin dalla sua creazione nel 1975.

Occupandosi di PNL, ovviamente, la categoria di obiettivi oggetto di Dilts sono prevalentemente legati al miglioramento delle capacità personali, ma le sue analisi possono essere lette in chiave più generale.

Dilts nel suo libro *Il manuale del coach*, disponibile su iBookstore, evidenzia come, senza un obiettivo, non è possibile stabilire alcun sistema di ricompensa o feedback e che solitamente gli obiettivi sono stabiliti in relazione allo stato presente o al tipo di problema.

L'esempio riportato da Dilts prende in esame un problema, il timore di parlare in pubblico.

Un approccio per determinare un obiettivo è quello di negazione del problema, ovvero porsi l'obiettivo di smettere di avere paura di parlare in pubblico. Quest'approccio all'obiettivo è molto diffuso ma rischia di farci focalizzare sul problema piuttosto che sull'obiettivo.

Il secondo approccio analizzato da Dilts prevede di stabilire l'obiettivo come diametralmente opposto al problema e, nel caso del timore di parlare in pubblico, l'obiettivo diventa sentirsi sicuri quando si parla difronte a un gruppo di persone.

Con quest'approccio ci allontaniamo dalla focalizzazione sul problema ma rischiamo di richiamarlo come paragone alle nostre azioni.

Il terzo sistema analizzato per stabilire gli obiettivi si basa sul benchmarking ovvero, sempre facendo riferimento all'esempio, il nostro obiettivo diventa essere in grado di parlare in pubblico alla maniera di Martin Luther King.

Quest'approccio, rispetto ai due precedenti, ci allontana dal problema aiutandoci a focalizzarci sull'obiettivo ma rischiamo di crearci aspettative che non riusciremo a soddisfare, soprattutto se la distanza tra le nostre capacità e il modello di riferimento è troppo ampia.

La terzultima strategia proposta prevede di analizzare il risultato desiderato al fine di identificare tutte le caratteristiche e competenze che dobbiamo acquisire per raggiungere quello stato. Per vincere la paura di parlare in pubblico il nostro obiettivo diventerà, quindi, la capacità di acquisire doti da eccellente oratore, flessibilità, congruenza, ecc.

Con quest'approccio riusciremo a formalizzare quello che ci serve per raggiungere l'obiettivo senza avere la certezza di essere però in grado di acquisire quanto richiesto.

La penultima strategia analizzata parte dal presupposto di aver già in parte le competenze per raggiungere lo stato desiderato e si focalizza sul delta di quello che ci manca per raggiungere quanto desiderato.

L'ultima metodologia per definire gli obiettivi propone di agire come se si fosse già raggiunto l'obiettivo. In questo modo ci distogliamo dal problema e ci proiettiamo come se avessimo già raggiunto il nostro obiettivo.

Diversi studi hanno, infatti, dimostrato che se proiettiamo nella nostra mente l'obiettivo con il risultato ideale che ci aspettiamo di raggiungere, si attivano nella nostra mente dei meccanismi che ci aiutano a raggiungerlo nei termini della nostra proiezione.

Anche Maxwell Maltz, chirurgo americano appassionato di psicologia, analizza il comportamento della mente umana difronte agli obiettivi e giunge, nel suo libro pubblicato nel 1960, *Psicocibernetica*, alla conclusione che il raggiungimento di un obiettivo è possibile se la mente viene "programmata" attraverso un approccio integrato tra "ragione e sentimento" ovvero unendo la parte razionale e pianificatrice della nostra mente a quella emozionale.

Personalmente applico quest'approccio nella definizione dei miei obiettivi o semplicemente per focalizzarmi nuovamente sugli stessi. Nel caso del mio obiettivo di terminare questo libro prima di Natale la componente razionale della mia mente pianifica e rivede il piano editoriale, i capitoli e le sezioni da scrivere o rivedere giorno per giorno e la componente emotiva immagina di vedere pubblicato su iBookstore l'opera completata ricca di commenti e feedback positivi. Per rendere ancora più tangibile l'obiettivo immagino di tenere tra le mani anche la versione cartacea, perfettamente impaginata e con una bella copertina rigida a colori.

Ricorro spesso a questa visione dell'obiettivo quando, a notte fonda, scrivo queste righe e la tentazione, per la stanchezza dopo un intenso giorno di lavoro, di procrastinare la stesura alla notte successiva è forte.

Tornando all'esempio del parlare in pubblico, con quest'approccio potremmo proiettare nella nostra mente l'immagine di sentirsi rilassati e a proprio agio di fronte ad un gruppo di persone.

Parlando della metodologia di David Allen per la gestione del tempo scopriremo com'è importante verificare anche periodicamente i nostri obiettivi.

Fissato l'obiettivo, il nostro impegno deve essere sul processo che ci porta allo stesso. Non poniamoci semplicemente l'obiettivo di creare una migliore relazione con i clienti, ma impegniamoci con noi stessi a chiamare almeno due clienti al giorno per chiedere loro come possiamo soddisfarli meglio.

Non prefiggiamoci soltanto l'obiettivo di acquisire nuovi clienti, ma impegniamoci a fissare almeno due nuovi incontri di presentazione al giorno.

A prescindere dal modo o dai modi che utilizzeremo per definire i nostri

obiettivi ricordiamo che devono essere:
1. Realmente di nostro interesse.
2. Chiari e misurabili.
3. Sfidanti.
4. Con scadenze intermedie e finali chiare e definite.

2 SCEGLIAMO LE ATTIVITA' CHE CI PRODUCONO MAGGIORI RISULTATI

L'ingegnere ed economista Vilfredo Pareto (1843 - 1923) è tra i più famosi economisti italiani e i suoi studi di statistica, a quasi cento anni dalla sua morte, sono tuttora validi.

Se abbiamo studiato statistica o più semplicemente economia o marketing sicuramente ricordiamo il principio di Pareto. Secondo questo principio la maggior parte degli effetti, dei risultati, è dovuta a un numero ristretto di cause/azioni. Questo principio è noto come legge 80/20. Questo nome deriva dal fatto che le conclusioni di Pareto hanno portato alla definizione di una legge empirica secondo la quale l'80% degli effetti o dei risultati sono prodotti dal solo 20% delle cause.

Questo rapporto 80/20 emerse da uno studio di Pareto sulla distribuzione delle ricchezze che evidenziò come il 20% della popolazione possedeva l'80% delle ricchezze.

La cosa sorprendente del principio di Pareto è la sua applicabilità in un'infinità di contesti a partire dal nostro guardaroba. Se facciamo attenzione ai vestiti che indossiamo più spesso, scopriremo sicuramente che i nostri vestiti preferiti sono il 20% del totale e che li indossiamo l'80% delle volte.

Se ci occupiamo di vendite, sappiamo sicuramente che 80% del fatturato è generato dal 20% dei clienti e se identifichiamo questo 20% possiamo sviluppare una strategia con azioni mirate.

Data la validità universale del principio, possiamo utilizzarlo per aumentare la nostra produttività focalizzandoci sul 20% delle attività più importanti certi che, questo 20% produrrà l'80% dei risultati.

L'esperta di produttività Celestine Chuna definisce le attività che fanno parte del 20% come attività ad alto impatto (high-impact tasks) mentre quelli appartenenti al restante 80%, attività a basso impatto (low-impact tasks).

La stessa Chuna, li rappresenta nel suo e-book, 10 Rules of super productive people, con un diagramma molto chiaro che rende visivamente l'idea dei grandi risultati ottenibili portando a termine solo il 20% dei nostri *task* (Figura 1).

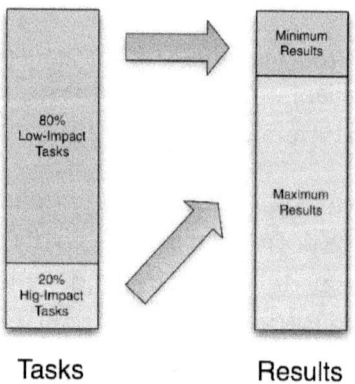

Figura 1 Fonte:"10 Roules of super productive peple"

Per selezionare le attività appartenenti al 20% dobbiamo mettere a fuoco quali sono i nostri obiettivi principali e con quali progetti e attività atomiche potremmo raggiungerli.

La ricerca di questo insieme di attività ci aiuta, quindi, a inquadrare nuovamente i nostri obiettivi primari e, focalizzandoci nuovamente, ignoreremo tutti gli altri input quotidiani che tendono a distrarci come, per esempio, le newsletter che ci portano a navigare tra siti di e-commerce e tutte le richieste che ricadono nelle attività che produrranno solo pochi risultati.

Nel capitolo dedicato all'esecuzione della metodologia GTD, scopriremo tutti i criteri che abbiamo a disposizione per scegliere quale attività svolgere in quel determinato momento.

Una volta identificati il 20% dei *task*, cosa ne facciamo del restante 80%?

Le scelte a nostra disposizione sono molteplici e dipendono dalle risposte che da soli daremo alle nostre domande sul task specifico. Ovvero, dobbiamo domandarci: se cancelliamo del tutto quest'attività che implicazioni ci sono? E' veramente utile per noi?

Per fare un veloce esempio, alcuni mesi fa ho riportato tra le mie attività di rivedere il layout delle fatture per "svecchiare" la grafica. Il venerdì successivo, rivedendo la lista dei miei progetti/attività ancora aperte ho deciso di eliminare quest'attività perché avrebbe richiesto un lavoro grafico importante e modifiche al software di contabilità, con necessità di relativi test.

Quest'attività era troppo costosa per il beneficio che poteva portare in termini di business e sarebbe servita solo per appagare il mio senso estetico.

Un'altra possibilità che abbiamo è prendere coscientemente la decisione di procrastinare l'attività a una data specifica, o inserirla nella lista di attività di poca importanza da portare avanti nei "tempi morti" cioè nei time pocket.

Per esempio, potrei trovarmi a sera inoltrata ad attendere un volo per tornare a casa e decidere di rilassarmi con un software di grafica e decidere coscientemente di occuparmi di un *task* a bassa priorità come ridisegnare il layout grafico delle fatture.

Molte volte, durante la mia giornata, quando sono chiamato a discriminare tra attività importanti e urgenti che richiedono la mia attenzione, mi fermo qualche secondo per pormi sempre la domanda: "Quest'attività appartiene al 20% o all'80%?" e in funzione della mia risposta decido il da farsi. Con la pratica la nostra mente acquisisce un automatismo e questa domanda diventa sempre più inconscia e, quasi naturalmente, ci dedichiamo ai *task* appartenenti al 20%. Questo avviene dopo molto tempo, o meglio, dopo molte domande.

Nella mia carriera ho avuto il piacere di fare da coach a molti manager ognuno con i propri punti di forza e assi di miglioramento ma, quello che posso affermare con certezza è che la loro produttività è aumentata, semplicemente, quando hanno deciso di occuparsi delle attività che producevano più risultati e in linea con i loro obiettivi.

Alcuni manager passavano giornate a crearsi macro con Excel per analizzare i dati, così come volevano loro, quando avrebbero potuto delegare quest'attività ad altri per concentrarsi su decisioni importanti per il business.

Ho visto manager dedicare settimane all'analisi dei dati di vendita e, per quanto cercassero di guardare i numeri, il risultato finale non cambiava, o meglio avrebbe potuto cambiare se, invece di rimanere chiusi in ufficio con il loro Excel, fossero andati sul mercato a prendere i numeri che "mancavano".

Per interiorizzare l'automatismo a selezionare i *task* che producono più risultati, è importante dedicare, al termine della giornata, alcuni minuti per ripercorrere le attività svolte nella giornata stessa. Questo momento di verifica ci farà sicuramente comprendere quanto tempo abbiamo dedicato ai *task* più importanti e quanto a quelli appartenenti all'80%.

Potrebbe essere interessante, alla sera di ogni giorno, tenere un sintetico diario per annotare i nostri progressi nel focalizzarci sulle attività che rendono di più.

Se dall'unità atomica dell'attività ci spostiamo a quella del progetto, vale la stessa regola e, alla fine della settimana, potremo verificare quanto tempo abbiamo dedicato ai progetti appartenenti al 20% e quanto a quelli appartenenti all'80%.

Non dobbiamo però essere troppo severi con noi stessi. Se alcune attività del 80%, pur producendo pochi risultati, sono in grado di cambiare il nostro stato d'animo dandoci nuove energie che potremo utilizzare in futuro per i *task* del 20%, eseguiamole senza rimpianti o calcoli inutili. Dopo tutto, non siamo un microprocessore ma degli esseri umani e l'importante è che ogni nostra scelta sia fatta in modo consapevole.

3 TIPS & TRICKS

In questo capitolo ho raccolto un insieme di accorgimenti che possiamo adottare per aumentare la nostra produttività. Alcuni sono d'immediata ed economica implementazione mentre altri richiedono un maggior investimento in termini di tempo per "farli nostri" e/o in termini economici.

Il ritorno in termini di produttività molte volte è in proporzione all'investimento necessario per adottare l'accorgimento.

Gli strumenti digitali appropriati

Durante gli ultimi anni del liceo sono diventato un motociclista e, un po' per la necessità di risparmiare e un po' per passione e soddisfazione personale, mi dedicavo personalmente alle attività di manutenzione ordinaria e spesso straordinaria delle mie moto.
Dopo i primi tentativi fallimentari, ho presto capito che eseguire il lavoro con lo strumento corretto ne assicurava la qualità ma soprattutto

riduceva drasticamente il tempo per portarlo a compimento. Possiamo svitare un bullone da 13" con le pinze ma, se non vogliamo rischiare di rovinarlo e soprattutto se vogliamo svitarlo in un terzo del tempo, dobbiamo usare una chiave del 13" e possibilmente di buona qualità.

Quanto sopra vale, tale e quale, per le attività che svolgiamo da knowledge worker dove i nostri strumenti sono solitamente il nostro smartphone, il nostro tablet e il nostro computer.

Dipende ovviamente dal lavoro che facciamo ma, statisticamente, chi svolge oggi un lavoro di ufficio utilizza per molte ore al giorno un computer desktop o, sempre di più, un notebook.

Computer più veloce = più produttivi

Senza entrare nel tema dell'usabilità dei computer, sistemi operativi, applicazioni e dispositivi d'input che richiederebbe un libro a se stante, voglio soffermarmi su piccoli ed economici accorgimenti che possono velocizzare il nostro lavoro al computer.

Da numerosi anni stiamo assistendo all'evoluzione di alcuni sistemi operativi molto diffusi che, offrendo interfacce grafiche sempre più ricche e animate, richiedono risorse hardware sempre più performanti.

Di comune accordo, anche le applicazioni diventano sempre più "risorse energivore".

Possiamo provare, da utenti attenti ai costi, a resistere a non aggiornare più volte l'anno, se non nello stesso mese, le versioni software che quotidianamente utilizziamo. Ma stiamo pur certi che, un giorno non troppo lontano, saremo costretti ad aggiornare le applicazioni e i sistemi operativi.

Alcuni utenti hanno trovato come soluzione passare a sistemi operativi come Linux che, pur offrendo grafica gradevole e potenzialità pari se non superiori ad altri più "energivori", non richiedono nuovi investimenti.

Se lavoriamo in un'azienda, molte volte, non abbiamo la possibilità di sostituire il sistema operativo e, lavorando in consulenza, molto spesso ci si trova in aziende, diverse dalla mia, dove assisto impotente a pause caffè di venti minuti perché intanto il loro computer ne impiega 20-25 solo per avviarsi al mattino.

Se abbiamo la libertà di agire sul computer che abitualmente utilizziamo ci sono piccoli ed economici accorgimenti che possono aumentare di grandezze quantiche la nostra produttività.

Dal punto di vista hardware gli interventi che producono immediati benefici sono in ordine di maggior vantaggio:

- espansione della memoria RAM a 8GB o meglio 16GB - se il sistema operativo installato sulla macchina è in grado di utilizzarla perché, per esempio, Microsoft Windows 7, che si trova ancora installato su numerose macchine, se non è nella versione a 64bit non è in grado di "vedere" 8GB di memoria. Altra verifica da fare, prima dell'investimento, è se l'hardware è in grado di ospitare questi quantitativi di memoria. L'investimento per 16 GB è circa € 180,00.

- Sostituzione disco fisso (hard disk) "tradizionale" con un hard disk a stato solido (SSD). Qui l'investimento per una capacità di 250 GB è intono ai € 100,00.

Questi due semplici upgrade hardware possono ringiovanire di anni il nostro computer eliminando secondi se non minuti di attesa.

Il ritorno di questi investimenti è in pratica immediato, se non in pochi giorni di lavoro, a prescindere da quanto valorizziamo la nostra ora di lavoro.

Le considerazioni in precedenza fatte sui sistemi operativi che richiedono sempre hardware più potente valgono anche per i dispositivi mobili come smartphone e tablet. E questo, gli utenti affezionati Apple lo sanno bene.

Dopo aver installato iOS 8 sul mio iPad mini di prima generazione, applicazioni da me utilizzate quotidianamente, come Evernote, sono diventate così lente da non essere più utilizzabili.

Purtroppo, nella quasi totalità dei casi, se parliamo di dispositivi come tablet o smartphone non è quasi mai possibile potenziarne l'hardware e non ci resta che sostituirli.

Più display = più produttività

Numerosi studi americani hanno dimostrato come la produttività può aumentare notevolmente incrementando le dimensioni del monitor su cui lavoriamo o aggiungendone uno o due al principale. Lo studio realizzato dall'Università dello Utah e commissionato dalla Nec ha dimostrato che gli utenti che utilizzano due monitor sono il 44% più veloci di chi ne utilizza uno.
Questo è vero soprattutto se ci troviamo a dover utilizzare applicativi di grafica o se abbiamo la necessità di lavorare in contemporanea su due documenti di testo.
Personalmente, ho sperimentato entrambe le soluzioni e, per il mio modo di lavorare, sono più produttivo su un monitor ampio (27" - 30") piuttosto che su due (24" o 27").
Se siamo degli utenti mobili, possiamo facilmente crearci il secondo monitor per il nostro notebook con il nostro iPad.
Questo possiamo farlo anche con il nostro desktop grazie a supporti che permetto di posizionare il nostro iPad opportunamente vicino al nostro schermo principale, come HoverBar 3 della Twelve South (Figura 2).

Figura 2

Questi supporti sono discretamente costosi ma, in termini di design, molto piacevoli alla vista e, comunque, con un po' di creatività possiamo trovare il modo di posizionare in modo ottimale l'iPad, come secondo schermo, con soluzioni più economiche o "improvvisate".
Le soluzioni software per utilizzare l'iPad come secondo monitor sono svariate. Una tra le più diffuse è iDisplay che è compatibile sia con Mac OS X sia con MS Windows e sia con i tablet Apple che Android.
Il sistema per funzionare richiede un'applicazione in esecuzione sul nostro computer ed una sul dispositivo mobile. Il risultato finale è quello visibile nella Figura 3.

Figura 3

Scriviamo in modo più produttivo

Se utilizziamo il nostro iPad per la scrittura di testi più lunghi e complessi che semplici e-mail, l'utilizzo di una tastiera esterna aumenta la nostra velocità e precisione di digitazione in modo notevole. Sono sempre più numerosi gli scrittori che abbandonano i tradizionali programmi di scrittura documenti su PC o Mac per comporre i loro elaborati sull'iPad.

Mio fratello ha scritto un romanzo di oltre 300 pagine unicamente con un iPad di prima generazione e una tastiera Bluetooth. Il vantaggio che ha rilevato in questa inusuale scelta è la mancanza di distrazioni offerta dall'iPad in quanto, una volta attivata la modalità aereo e disattivate le notifiche, nulla poteva distrarlo dal foglio bianco e tastiera.

Se siamo dei blogger di professione, o comunque abbiamo l'esigenza di scrivere molti contenuti nel più breve tempo possibile, possiamo adottare dei software che trasformano delle nostre abbreviazioni in parole o frasi complete.

Mi sono accorto che sull'iPad, spesso, devo comporre il mio indirizzo di posta personale o quello aziendale e la tastiera a schermo richiede qualche secondo con il rischio di commettere anche qualche errore di digitazione.

Per velocizzare questo inserimento ho definito nell'iPad l'abbreviazione: "@@" la cui digitazione richiama il mio indirizzo di posta aziendale e l'abbreviazione "@@@" per richiamare quello personale.

Adesso, ogni volta che digito due o tre "@" l'iPad compone immediatamente l'indirizzo e-mail associato.

Per fare ciò basta selezionare l'icona "Impostazioni" sul nostro iPad, poi l'opzione "Generali" e a seguire "Tastiere". Selezionando infine la scelta "Abbreviazioni" con il tasto "+" possiamo definire una parola o frase che sarà inserita automaticamente quando digitiamo la relativa abbreviazione.

Esistono programmi sia per MS Windows sia per Mac Os che permettono la definizione di abbreviazioni come quelle in precedenza descritte su iPad ma, personalmente, con una tastiera fisica a disposizione ritengo più veloce la digitazione della parola completa piuttosto che ricordare le varie abbreviazioni.

Non saranno i 15-20 secondi risparmiati a digitare la mia e-mail che, quel giorno, mi farà guadagnare un'ora di produttività in più ma nei giorni, nei mesi e negli anni una semplice abbreviazione può farci risparmiare ore di lavoro inutile speso nel digitare la nostra e-mail.

Gli strumenti a portata di mano

Indipendentemente dal tipo di attività che svolgiamo, se utilizziamo un computer molto probabilmente lo utilizziamo con alcune periferiche quali stampanti e scanner che non necessariamente devono essere vicini al computer stesso.
Infatti, la maggior parte delle periferiche attuali è progettata per lavorare connessa alla rete locale in modo da poter essere condivisa da più dipendenti all'interno di un'azienda o da più membri della famiglia.
Grazie al mio lavoro, ho avuto la fortuna di vivere, per brevi periodi, all'interno di numerose aziende e, in più occasioni, ho rilevato come gli strumenti utilizzati fossero fisicamente lontani dagli utilizzatori. In più occasioni diversi dipendenti dopo aver lanciato il comando di stampa di un documento, dovevano percorre diverse decine di metri per recuperare le loro stampe e, in una giornata, inviavano anche 10-15 stampe. In alcuni casi la stampante si trovava addirittura al piano superiore. Non sempre siamo nella posizione di poter far spostare una stampante di rete ma, nulla vieta, con le corrette motivazioni, di far presente al nostro responsabile quanto tempo la settimana sprechiamo di lavoro solo per andare al piano di sopra per recuperare quanto inviato in stampa.
Se abbiamo la possibilità di decidere dove posizionare i nostri strumenti, cerchiamo per questi sistemazioni molto vicine alla nostra postazione di lavoro.
Questo vale per qualunque strumento: da un archivio cartaceo a strumenti di cartoleria.

Allontaniamo le tentazioni

Per quanto siamo determinati a raggiungere uno specifico obiettivo o semplicemente desideriamo diventare più produttivi, siamo pur sempre degli essere umani.

E come la storia insegna, non sempre siamo bravi a resistere alle tentazioni.

Queste tentazioni possono distrarci dalle nostre attività facendoci perdere molto tempo. Anche il continuo passaggio dalla nostra attività principale alle distrazioni ha un costo, in termini di tempo, per riacquisire la concentrazione su quello che stavamo facendo prima della "tentazione".

Per più di due anni, ho vissuto da pendolare su una distanza che percorrevo in treno in circa due ore che diventavano quattro sommando andata e ritorno.

A parità di ore in ufficio e in treno quest'ultime, posso affermare con certezza, erano estremamente più produttive.

Questo perché in treno non subivo continue interruzioni, come invece avveniva spesso nel mio ufficio, da parte di colleghi alla ricerca di risposte o di compagnia per un caffè.

In treno, per quasi tutta la durata del viaggio, la connessione Internet era in pratica assente e questo mi aiutava a essere concentrato sul documento su cui lavoravo senza essere attratto dalle nuove e-mail in arrivo.

Nei pochi tratti coperti da segnale telefonico, le mie conversazioni erano brevissime poiché non mi trovavo nell'ambiente adatto per telefonate di lavoro o di piacere.

Molte volte mi trovavo a viaggiare a sera inoltrata e mi sarei concesso volentieri la lettura delle news preferite o una navigazione sui siti d'interesse personale ma la mancanza di queste tentazioni mi permetteva di rimanere concentrato sulle attività lavorative ancora non completate.

Senza dover prendere un treno, di notte, per essere più produttivi possiamo prendere l'abitudine, quando abbiamo la necessità, di non essere interrotti, di lavorare lontani dal nostro ufficio, come in una sala riunioni o a casa.

Se riusciamo a tenere lontane da noi le tentazioni, sarà più facile resistervi. Se siamo degli utenti assidui di Facebook e desideriamo resistere alla tentazione di accedervi ogni ora, possiamo installare sul nostro computer un software che blocca in determinate ore l'accesso alla lista di siti web da noi creata.

Esistono anche plug-in per i più diffusi web browser come StayFocusd per Chrome o IE Lock per Microsoft Internet Explorer che assolvono perfettamente a questo scopo.

A seconda degli elementi che ci distraggono, possiamo identificare il giusto accorgimento che ci faccia desistere dal cedere alla tentazione.

Se siamo dei giocatori incalliti, eliminiamo i giochi dal nostro iPad in modo che, aspettando il nostro volo, invece di lanciare volatili con le fionde sul display del nostro tablet ci portiamo avanti con il lavoro leggendo le ultime e-mail arrivate.

Tante volte le tentazioni arrivano quando e dove meno te lo aspetti. Venerdì 21 maggio 2010, Google, per festeggiare l'anniversario dei 30 anni di Pac-Man ha trasformato il suo tradizionale logo, presente sopra la casella di testo per eseguire le ricerche, in una mini versione perfettamente funzionante di Pac-Man. Secondo il blog di RescueTime milioni di navigatori Internet non hanno resistito alla tentazione di una partita a Pac-Man e a tutti questi utilizzatori di Google sono stati sottratti 4.819.352 ore di produttività. Il genere umano ha sprecato più di nove anni uomo di produttività per un semplice logo diventato un mini-videogioco!

Allochiamo poco tempo per le attività importanti

No, non ho sbagliato il titolo di questo paragrafo, consiglio proprio di allocare poco tempo per le attività importanti.

Questa mia affermazione merita una premessa, infatti, si basa su una caratteristica tipica dell'essere umano, non dimostrabile, di come riusciamo a utilizzare, sempre, tutta la quantità di tempo che allochiamo a un'attività.

Cyril Northcote Parkinson nel suo saggio *La Legge di Parkinson* esprime perfettamente questo concetto affermando che «Il lavoro si espande fino a occupare tutto il tempo disponibile; più è il tempo e più il lavoro sembra importante e impegnativo.». Così se il tempo a disposizione è esiguo si lavora con più efficacia, motivati dal rischio di non riuscire a completare il compito con la scadenza imminente e immaginando le conseguenze negative di tutto ciò.

In più occasioni ho notato che, chi ha un orario part-time si auto limita la durata delle pause e lavora con maggior concentrazione ed efficacia di un pari collega che ha tutta la giornata davanti per terminare i propri compiti.

Trovo nuova conferma della legge di Parkinson se ripercorro nella mia carriera le fasi di preparazione delle numerose gare per l'assegnazione di progetti o servizi alle quali ho partecipato. A prescindere da come pianificassi il mio lavoro e del mio team, per la preparazione della gara, matematicamente, ogni volta, terminavamo la preparazione poche ore prima della consegna o nei casi più positivi la sera prima.

Come ci insegna Parkinson questo avviene perché abbiamo la naturale tendenza a saturare tutto il tempo che decidiamo di allocare alla specifica attività. Se riduciamo il tempo da dedicare all'attività saremo subito più focalizzati sull'obiettivo, più motivati e con più energia.

Proviamo a dedicare un'ora a "smaltire" le mail nella nostra Inbox e poi continuiamo il lavoro, però, facendo partire un conto alla rovescia di 15 minuti. Non mi stupirei se alla fine dei 15 minuti il numero di mail "smaltite" è molto simile a quanto fatto in un'ora intera.

Per aiutarmi a essere più efficiente, fisso un intervallo temporale breve, se paragonato alla giornata lavorativa, per svolgere un particolare compito, oppure mi assegno un numero elevato di attività da completare nella mattinata e nel pomeriggio.

Prendiamoci delle pause: la tecnica del pomodoro

E' scientificamente dimostrato che il prendersi delle brevi ma frequenti, pause durante lo svolgimento di un'attività intellettuale ci permette di rimanere focalizzati e produttivi su quanto stiamo facendo.

Il professore di psicologia Alejandro Lleras dell'Università dell'Illinois spiega, infatti, che:

«[...] Disattivando e riattivando i tuoi obiettivi ti permette di rimanere focalizzato [...]». «Da un punto di vista pratico, la nostra ricerca suggerisce che, quando siamo impegnati con una lunga attività (come studiare prima di un esame finale), la cosa migliore è imporsi delle brevi pause. Brevi pause mentali ci aiuteranno a rimanere focalizzati sul nostro obiettivo».

Le pause ci permettono anche di attivare parti del nostro cervello che non sono operative durante i momenti in cui siamo focalizzati sull'attività. Questo emerge da uno studio condotto dalla Professoressa Kalina Christoff dell'Università del British Columbia che ha sottoposto diversi soggetti alla risonanza magnetica funzionale (fMRI) mentre erano intenti a risolvere alcuni problemi. La conclusione dello studio è stata che il nostro cervello ha due modalità di funzionamento, una definita "modalità focalizzata", che utilizziamo quando convogliamo la nostra attenzione a quello che stiamo facendo, e una "modalità diffusa" che attiviamo quando non siamo focalizzati su un problema e ci stiamo rilassando o "sogniamo ad occhi aperti". Nella Figura 4 sono evidenziate le aree del nostro cervello che si attivano solo quando la nostra mente "vaga" senza una focalizzazione precisa. Quante volte ci è successo di risolvere un problema o avere una buona idea mentre facevamo una doccia o guidavamo la macchina?

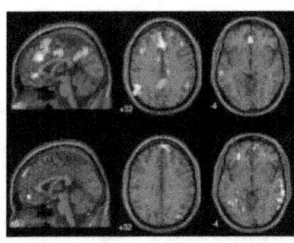

Figura 4 Fonte: Kalina Christoff – Rosonanza magnetica funzionale

Senza ombra di dubbio le miei idee più creative mi si materializzano nella mente quando faccio jogging alla sera dopo un'intesa giornata in cui la mia mente è sempre stata in "modalità focalizzata", modalità che blocca la "modalità diffusa".

Il terzo e ultimo motivo per cui le pause sono importanti per la nostra produttività lo evidenzia l'autorevole rivista Harvard Business Review secondo la quale fermarci per alcuni momenti ci permette di fare un passo in dietro per verificare se quello che stiamo facendo è la cosa giusta: «Quando lavoriamo ad un'attività in modo continuo è facile perdere il focus e perdersi nei dettagli. Prendersi una breve pausa ci costringe, quando riprendiamo l'attività, a dedicare alcuni secondi a una visione d'insieme di quello che stiamo facendo e questo ci aiuta a focalizzarci nuovamente sugli obiettivi primari».

E' importante, quindi, prendersi delle pause per aumentare la nostra produttività per tre motivi principali:

1. Disattivare e riattivare i nostri obiettivi ci permette di essere sempre focalizzati.

2. Le pause attivano la "modalità diffusa" che spesso ci aiuta a risolvere quello che la "modalità focalizzata" non riesce a risolvere.

3. Le pause ci costringono a una visione d'insieme e ci permettono di non perderci in particolari.

Quale tecnica possiamo utilizzare per introdurre le brevi pause nel nostro modo di lavorare?

Una tecnica che possiamo provare ad adottare è quella detta "tecnica del pomodoro".

Questa tecnica è stata sviluppata da Francesco Cirillo alla fine degli anni 80, durante i suoi primi anni all'università, e prende il nome dallo strumento da lui utilizzato per misurare il tempo: un timer da cucina a forma di pomodoro.

La tecnica si pone obiettivi come aumentare la consapevolezza delle proprie decisioni e migliorare il processo di stima ed è, di fatto, una metodologia completa di gestione del tempo.

La componente che ho adottato di questa metodologia è la pianificazione delle fasi di focalizzazione sull'attività e delle pause. La metodologia prevede che avviamo un timer di 25 minuti che non dobbiamo fermare, pena doverlo fare ripartire da zero. Quest'unità di tempo è chiamata da Cirillo, "pomodoro" e in questi 25 minuti dobbiamo essere massimamente concentrati sull'attività che dobbiamo svolgere. Al termine dei 25 minuti, senza possibilità di negoziare con noi stessi, dobbiamo prendere una pausa di 5 minuti.

Questi 5 minuti devono essere una pausa reale, non l'occasione per fare una telefonata di lavoro o un confronto con un collega. L'ideale è se, in questi 5 minuti, facciamo anche un minimo di movimento fisico.

Dopo 4 "pomodori", in altre parole dopo l'alternanza di 25 + 5 min per quattro volte, dobbiamo prenderci una pausa più importante variabile, a nostra discrezione, tra i 15 minuti e i 30.

La regola dei 2 minuti

Nel capitolo 5 analizzeremo la metodologia di gestione del tempo di David Allen nota con l'acronimo GTD (Getting Things Done). Senza studiare tutta la metodologia possiamo immediatamente adottare un semplice ma efficace accorgimento contenuto nella metodologia stessa: la regola dei 2 minuti.

Allen ci invita a eseguire subito un'attività, se questa ci richiede realmente 2 minuti. Questo perché, prenderne nota per poi svolgerla in un secondo momento, ci costerebbe, in termini di produttività, molti più minuti di quelli che ci servono per svolgerla.

Per esempio: se riceviamo una mail nella quale ci viene richiesto l'inoltro di una nostra precedente mail, impiegheremo meno tempo a fare due o tre click e inoltrare subito quanto richiesto, piuttosto che prendere un foglio e segnarci che cosa dobbiamo inoltrare e a chi.

Dobbiamo, però, fare attenzione a essere bravi a stimare quanto tempo ci richiede realmente l'attività in oggetto perché, molto spesso, abbiamo la tendenza più a sottostimare che a sovrastimare il tempo che ci occorre per un'attività.

Ritornando all'esempio della mail, se quella che cerchiamo non è più sul nostro computer, perché archiviata su un disco esterno che si trova nel nostro vecchio armadio 5 piani sotto l'attuale ufficio, quasi sicuramente non è più un'attività da due minuti.

Allo stesso tempo valutiamo, in funzione dell'attività che stiamo facendo e del costo di passaggio da un'attività all'altra, se farci interrompere, o meno, da una nuova attività di 2 minuti che si presenta alla porta.

Disattiviamo tutti i nostri allarmi

Viviamo in un mondo sempre connesso, sempre "Always ON", e questo ci permette di ricevere una grande quantità d'informazioni in tempo reale. Se un nostro collega, amico o parente dall'altra parte del mondo vuole inviarci delle informazioni, ha solo l'imbarazzo della scelta per quanto riguarda il mezzo trasmissivo. Può mandarci un messaggio di testo con il cellulare, un messaggio istantaneo con una qualunque delle applicazioni d'instant messaging come Skype, iMessage, ecc. Se poi entriamo nel mondo dei social network, i canali di comunicazione e notifica diventano numerosissimi.

Tutti questi sistemi, a partire dalla posta elettronica, hanno dei sistemi di notifica, in altre parole degli allarmi che attraggono la nostra attenzione quando qualcuno desidera comunicare con noi.

Tutte queste notifiche sono, oggi, anche integrate nei più recenti sistemi operativi, come Yosemite dell'Apple, per non parlare anche di nuovi dispositivi dove riceverle: gli *smartwatch*.

Più siamo interconnessi con il mondo esterno e più riceviamo continue interruzioni da parte dei vari allarmi. E queste interruzioni hanno un costo elevatissimo in termini di produttività.

Chi di noi resiste alla tentazione di leggere un'e-mail o ancor di più un SMS quando questi ci sono notificati?

La perdita di produttività non è solo nel tempo che decidiamo di dedicare alla lettura di quanto ci è pervenuto, ma anche nel tempo di cui avremo bisogno per riacquistare la concentrazione sull'attività sospesa per verificare la notifica ricevuta.

La soluzione per essere più produttivi è molto semplice, disattiviamo tutti gli allarmi acustici e visivi, comprese le finestre pop-up che si aprono secondo l'applicazione.

Decidiamo poi con quale cadenza andare a verificare quanto ci è pervenuto. Imponiamoci una cadenza almeno di un'ora, non di meno.

Questo vale per tutti gli input che tendono a distrarci dall'attività su cui siamo focalizzati compreso il telefono fisso, il cellulare o il collega che fa irruzione nel nostro ufficio al quale, in modo molto gentile, chiederemo di tornare più tardi.

Nuove energie dalle vittorie settimanali

Spesso siamo coinvolti in obiettivi e progetti a medio e lungo termine e, settimana dopo settimana, pur facendo passi avanti, non riusciamo a trarre energia dai piccoli passi fatti verso l'obiettivo.

La soluzione è assegnarsi dei piccoli obiettivi settimanali che io chiamo "weekly wins" il cui raggiungimento alla fine della settimana ci darà nuova energia e il desiderio di festeggiare, infondendoci la grinta per iniziare una nuova settimana.

Questi obiettivi devono essere due o tre per non confonderli con una to do list. Io, personalmente, ho preso l'abitudine di fissarne 3 il venerdì pomeriggio, per la settimana successiva, dopo aver riflettuto su quelli della settimana in corso.

La difficoltà all'inizio è nell'identificarli abbastanza sfidanti tali da motivarci a raggiungerli, ma non impossibili, nella settimana.

Dopo un po' di tentativi, impariamo a stimare, opportunamente, l'obiettivo e il tempo che abbiamo a disposizione per raggiungerlo.

In generale, se raggiungiamo l'obiettivo desiderato, non tratteniamoci dal festeggiare. Bisogna sempre festeggiare le vittorie per trarne nuove e potenti energie per le sfide successive.

Dire di no

Per non urtare la sensibilità di amici, colleghi e clienti e per essere accettati e ben voluti dagli altri abbiamo la naturale tendenza a non dire mai di no, in generale, alle loro richieste.

Questo avviene nella vita professionale come in quella personale. E così ci ritroviamo coinvolti in decine di progetti aziendali ed iniziative della nostra vita privata non in linea con i nostri obiettivi e desideri. Questo ci genera stress perché ci allontana dai nostri obiettivi professionali e da quello che desideriamo fare nella nostra vita privata.

Anch'io mi sono trovato in questa situazione quando, a seguito di diversi successi aziendali, la mia visibilità era aumentata e ricevevo richieste di coinvolgimento in numerosi progetti interni all'azienda dalle risorse umane al marketing e alla comunicazione. Progetti interessanti, ma che sottraevano le mie energie e il mio tempo dagli obiettivi primari che l'azienda mi aveva affidato.

Realizzato quanto mi stava succedendo, ho ricercato le origini della mia tendenza a non dire "no" ai colleghi, con l'obiettivo di poterla gestire, e mi sono imbattuto in un articolo molto interessante di Zenhabits.net pubblicato online nell' agosto 2010.

Quest'articolo in modo molto sintetico ed efficace identifica sei motivi per cui ci viene difficile dire di no:

1. Siamo in generale naturalmente predisposti ad aiutare.

2. Temere di risultare scortesi soprattutto nei confronti di persone più anziane di noi.

3. Voler risultare piacevoli, allontanando il rischio di non essere "gradito" alla comunità.

4. Voler evitare eventuali situazioni di conflitto che potrebbero generarsi a seguito di un nostro "NO".

5. Paura di perdere delle occasioni cui rinunceremmo con un nostro "NO".

6. Timore di danneggiare la relazione.

Sinceramente mi ritrovo in tutti e sei i punti sopra riportati. Ma sono anche fermamente convinto che dobbiamo vincere queste motivazioni perché infondate. E' importante invece il modo in cui diciamo e motiviamo il nostro "NO".

Ognuno di noi ha le proprie priorità e i propri obiettivi e, se li facciamo presenti nel modo corretto, il nostro interlocutore sicuramente comprenderà il nostro "NO". Condivido a pieno l'affermazione dell'autore dell'articolo che ritiene il dire di "NO" dare valore al nostro tempo.

L'autore conclude l'articolo elencando sette modi con cui possiamo dire di "NO" a una richiesta e che hanno tutti come elemento comune la spiegazione del nostro "NO".

Possiamo motivare il nostro rifiuto spiegando che non possiamo impegnarci per altre priorità e urgenze che dobbiamo seguire, oppure declinando per il momento la richiesta lasciando aperta la possibilità di accettarla, eventualmente, in futuro.

Ho anche sperimentato che un semplice "No, mi spiace ma non posso" alla fine non ha pregiudicato la mia relazione con il richiedente né ha prodotto il mio isolamento dal gruppo né ha generato in me alcun senso di colpa per non aver aiutato il mio interlocutore.

Il semplice dire di no può farci guadagnare tantissimo in produttività.

4 TIME POCKETS

Ho cercato a lungo la miglior traduzione in italiano di "time pocket" ma non ho trovato nulla che rendesse meglio il concetto di un intervallo di tempo tra due attività, un tempo "morto" da sfruttare al meglio. Ho preso coscienza dell'importanza e utilità di questi momenti durante i miei ultimi anni d'Università quando lavoravo a tempo pieno nella start-up che avevo avviato e, contemporaneamente, avevo l'obiettivo di laurearmi in corso con un buon voto. Questi obiettivi erano divergenti e, per farli convergere, oltre alle energie dei miei venticinque anni, avevo la necessità di sfruttare al massimo ogni intervallo di tempo a disposizione.

Secondo la priorità del momento, dedicavo l'intervallo di tempo allo studio universitario o al lavoro. Durante le attese dal cliente, prima di essere ricevuto, estraevo dalla borsa le dispense del successivo esame e mi mettevo a studiare. Se avessi avuto le dispense su un iPad, sarebbe stato tutto più facile, e la borsa più leggera, ma nei primi anni novanta era un lusso avere un notebook o meglio un "trasportabile", date le dimensioni e peso dei laptop nel periodo in questione.

Le pause tra una lezione e l'altra diventavano, invece, occasione per portarmi avanti con il lavoro, magari scrivendo codice sul portatile o

studiando per il prossimo esame.
Celestine Chua identifica tre diverse categorie di time pocket:

1. tempo a disposizione tra due attività, o quando siamo in attesa che un'attività inizi. L'attesa di un mezzo pubblico o degli invitati ad una riunione sono semplici esempi;
2. tempo che possiamo utilizzare quando stiamo svolgendo un'attività, per esempio, quando guidiamo o mentre facciamo sport;
3. tempo a disposizione quando, pur svolgendo un'attività, questa non ci occupa completamente: come partecipare a una riunione che non ci interessa o a una sessione di formazione particolarmente non gradita.

Personalmente, non utilizzo mai il tempo "a disposizione" descritto nell'ultimo punto poiché ritengo che soltanto per educazione e rispetto del lavoro altrui, se per qualche motivo mi trovo a partecipare a una riunione o sessione di formazione, o la seguo attentamente o non vi partecipo affatto.
La reale produttività che deriva dall'utilizzo di questi intervalli di tempo non risiede nel singolo intervallo di tempo che spesso è solo di pochi minuti, ma nella somma di questi brevi intervalli. Se scriviamo una pagina di libro al giorno, dopo una settimana ne avremo scritte sette, e saranno trenta dopo un mese e, dopo pochi mesi, il nostro libro sarà terminato.
Se il singolo intervallo sembra un quantitativo esiguo, l'unione di più time pocket può rappresentare una grande occasione per migliorare la propria produttività.
Se percorriamo virtualmente una nostra giornata tipo, possiamo sicuramente identificare diversi time pocket che possiamo sfruttare a nostro vantaggio; per esempio in una mia giornata tipo si possono identificare numerosi time pocket:
06.00 - 07.00 Corsa per 1h
07.00 - 07.05 Colazione (5 min.)
07.30 - 09.00 Viaggio in auto o treno per lavoro (1h 30 min.)

11.00 - 11.10 Attesa partecipanti in ritardo alla riunione (10 min.)
15.00 - 15.30 spostamento verso un cliente (30 min.)
15.30 - 15.40 Attesa cliente in ritardo (10 min.)
18.00 - 19.30 Viaggio di ritorno a casa in auto o treno (1h 30 min.)

Se sommiamo tutti i time pocket arriviamo all'impressionante valore di quasi 4 ore di tempo a nostra disposizione per massimizzare la nostra produttività.

Questo può essere anche raggiunto sfruttando una parte di questi time pocket per riposarci e ri-acquistare nuove energie.

Per trarre vantaggio dai time pocket è importante acquisire la capacità di prevederli. Quando andiamo dal nostro medico per una visita a un orario concordato, dobbiamo prevedere che per qualunque motivo il nostro medico potrebbe essere in ritardo e, se avremo previsto questa eventualità, sfrutteremo questo tempo per leggere e rispondere alle e-mail dal nostro iPad o per leggere le ultime notizie della giornata. Oltre a portare con noi lo strumento adatto per sfruttare l'eventuale time pocket, dobbiamo acquisire l'abitudine di prepararci una serie di attività che possiamo svolgere in un breve intervallo di tempo.

L'iPad è uno stupendo strumento per utilizzare al meglio i nostri time pocket. Possiamo portarlo sempre con noi e, a seconda del contesto e del tempo a disposizione, ci può aiutare a massimizzare la produttività nell'intervallo che abbiamo a disposizione. Secondo le nostre esigenze di portabilità e di utilizzo, possiamo scegliere tra il modello da 9,7" o il mini da 7,9".

Se abbiamo la necessità di scrivere molti testi, la soluzione con lo schermo più ampio ci offre una tastiera a video che ci permette di commettere meno errori di digitazione. Se la nostra prima necessità è di avere un oggetto quasi tascabile e leggero possiamo preferire la soluzione mini iPad, a discapito della dimensione dei tasti della tastiera a video. Possiamo però rimediare a questo utilizzando una tastiera esterna.

Grazie ai time pocket possiamo quindi:
- Migliorare le nostre competenze
- Leggere e rispondere alle e-mail
- Fare telefonate non impegnative

- Riposare

Miglioriamo le nostre competenze

Se per i nostri spostamenti passiamo molto tempo su mezzi pubblici, possiamo sfruttare questo tempo, grazie al nostro iPad, per svolgere molte attività: come gestire la posta elettronica, redigere un documento o accrescere le nostre competenze.
Le caratteristiche multimediali dell'iPad lo rendono uno strumento molto interessante per l'auto-formazione.
Grazie al rapido diffondersi dei corsi MOOC (Massive Open Online Courses ovvero Corsi massivi online aperti a tutti), nati e strutturati come strumento di formazione a distanza, possiamo accedere a numerose opportunità di formazione gratuita.
Tra le più conosciute è l'americana Coursera. Nata nell'aprile del 2012 da docenti di scienze dell'informazione dell'università di Stanford. A fine 2014, gli studenti che si sono iscritti ad almeno un corso sono quasi un milione e si può accedere a un catalogo di formazione di quasi 800 corsi realizzati da docenti provenienti da 114 diverse università.
I corsi prevedono video di lezioni, materiale didattico, esercitazioni e forum di discussione. Secondo il modello MOOC, i corsi sono forniti in forma generalmente gratuita, e prevedono una serie variabile di esercitazioni o lezioni obbligatorie per il conseguimento del certificato finale.
I corsi contemplano un'ampia gamma di tematiche tra cui le discipline umanistiche, le scienze sociali, il business, la medicina, la biologia, la matematica, la fisica e l'informatica. Possiamo fruire di questi corsi direttamente dal nostro iPad grazie all'applicazione, anch'essa gratuita, di **Coursera**. Per mezzo di quest'applicazione potremo sfogliare il vasto catalogo di corsi (la maggior parte in lingua inglese), iscriverci a quelli desiderati e fruirli, direttamente, dal nostro iPad ovunque ci troviamo. Unico pre-requisito è avere a disposizione una connessione

dati.

Nella Galleria 1 alcune schermate dell'applicazione. Se desideriamo fruire di corsi, anche se non siamo connessi ad Internet possiamo utilizzare l'applicazione sviluppata da Apple iTunes U che offre un vastissimo catalogo di corsi (oltre 800.000), arricchito continuamente dalle più prestigiose università del mondo. La possibilità di memorizzare in locale, sull'iPad, i corsi amplia le sue possibilità di utilizzo, dato che viene meno il requisito di essere connessi alla rete dati.

Come per Coursera i corsi sono gratuiti come pure l'applicazione.

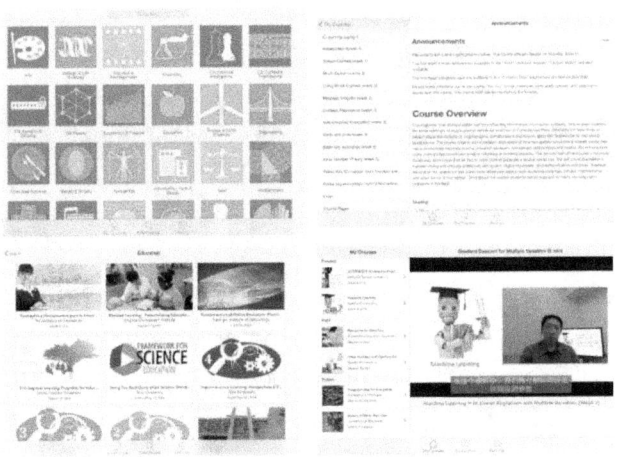

Galleria 1

Se passiamo molto tempo in auto e vogliamo sfruttare questi ampi time pocket, possiamo ascoltare degli audio book o dei podcast. Se siamo intenzionati a migliorare o imparare un'altra lingua, possiamo ascoltare degli audio book nella lingua di interesse ampliando così, sia le nostre conoscenze in funzione del contenuto del libro sia le nostre competenze linguistiche.

Su **iTunes Store** è disponibile una vasta raccolta di audio libri che possiamo acquistare e memorizzare sul nostro iPad o iPhone.

Un'altra opportunità interessante, quando possiamo solo ascoltare, sono i Podcast.

 Secondo la Wikipedia nel dicembre 2005 il dizionario americano New Oxford ha dichiarato Podcasting «parola dell'anno», definendo il termine come «registrazione digitale di una trasmissione radiofonica o simili, resa disponibile su internet con lo scopo di permettere il download su riproduttori audio personali»

Una funzionalità molto interessante dell'applicazione **Podcast** su iPad è quella che permette l'iscrizione ai podcast d'interesse in modo che, automaticamente, ogni volta che un nuovo podcast di quel dato autore è disponibile, viene memorizzato in automatico sul nostro dispositivo Apple.

Personalmente, quando sono alla guida per molte ore, alterno l'ascolto di podcast a quello di audio libri possibilmente in inglese.

Invece, quando corro, utilizzando l'iPhone, solitamente ascolto i miei podcast preferiti.

Molti autori sono estremamente piacevoli da ascoltare e rendono piacevoli anche contenuti impegnativi.

L'iPad ci permette anche di usufruire di formazione a distanza in modalità uno a uno. Esistono, infatti, numerosi portali di formazione che permettono l'incontro tra domanda e offerta.

Uno che utilizzo abitualmente è BuddySchool che permette l'incontro di docenti e formatori di numerose discipline come:

- Lingue
- Scienze
- Materie umanistiche
- Business

Dopo esserci iscritti, possiamo selezionare l'argomento di nostro interesse e accedere alla lista dei docenti per quella particolare disciplina. Ogni docente ha una scheda che riporta tra le altre informazioni le valutazioni ricevute dalle persone che hanno in precedenza usufruito del suo servizio.

Selezionato il docente, e pagato quanto richiesto, per esempio, per un'ora di consulenza in ambito web marketing o per un'ora di francese, veniamo messi in contatto con il docente.

A questo punto entra in gioco il nostro iPad che ci permette di usufruire

 della consulenza acquisita tramite la video chiamata di **Skype**. Quello di cui avremo bisogno sarà solo una connessione dati. Il mio lavoro mi richiede di viaggiare spesso e non avrei la possibilità di seguire un corso tradizionale di conversazione in Inglese ma, grazie a questo servizio, posso conversare in inglese ovunque mi trovo e negli orari più improbabili. Anche se lavorassi sempre nella città in cui risiedo, difficilmente potrei fare conversazione in inglese dalle 23.00 alle 24.00.

Quasi tutti i docenti che utilizzano questo portale offrono delle ore o frazioni di ora gratuite per permettere, al potenziale cliente, di valutarli prima di acquistare una loro consulenza/ora di formazione.

Esistono numerosi portali che offrono questo servizio. Per trovarli, è sufficiente ricercare su Google frasi come "online tutoring".

SEZIONE 2

La Gestione del Tempo

5 LA METODOLOGIA GTD DI DAVID ALLEN

I metodi tradizionali di gestione del tempo basati sull'agenda e la lista delle attività (le famose liste "To-do") non ci permettono più di essere efficaci ed efficienti come vorremmo. Soprattutto non eliminano lo stress legato alla sensazione di avere troppe cose da fare e non abbastanza tempo per portale a termine.
Questo succede per l'aumento, continuo, d'informazioni e stimoli che riceviamo da un sempre maggior numero di fonti (e-mail, telefono fisso, fax, cellulare, segreteria telefonica, SMS, MMS, Instant Messaging, social network, ecc.) e dal cambiamento, continuo, del nostro lavoro.

I continui flussi d'informazioni/richieste ci costringono a rivedere frequentemente la nostra lista di attività per riorganizzarne le priorità.

Quante volte ci siamo ritrovati con una lista di due pagine di attività da compiere, organizzate più o meno in ordine di priorità, - quella che avevano nel momento in cui le abbiamo scritte - e quante volte le abbiamo riscritte il giorno dopo in una nuova pagina con priorità diverse?

Passare a uno strumento informatico per gestire tale lista non serve ad altro che a tenere il tutto più ordinato, ma non risolve il problema dei continui cambi di priorità che il lavoro quotidiano ci chiede sempre più di apportare.

Ad incrementare il nostro stress contribuisce la nostra mente che, per la sua stessa natura, tende a farci ricordare in continuazione le cose che abbiamo lasciato incomplete o per le quali non abbiamo definito un passo concreto per portarle a termine.

Quante volte, tornando a casa dal lavoro, il nostro cervello ci ha riportato all'attenzione attività da svolgere per le quali non abbiamo identificato una concreta prossima azione?

Pensare continuamente a una cosa, senza fare alcun progresso, è uno spreco di tempo ed energia che finisce solo con l'alimentare lo stress.

David Allen, formatore di centinaia di top manager di diverse multinazionali, propone una nuova metodologia per aumentare la produttività riducendo lo stress: Getting Things Done® (GTD®).

Questa metodologia, da molti considerata una filosofia, conta diversi milioni di utilizzatori in tutto il mondo, basta ricercare il termine GTD® su Google® per trovare più di diciassette milioni di risultati.

Allen offre una visione molto semplice e iterativa (quasi algoritmica) per gestire i flussi d'informazioni in ingresso e per smistarli: un sistema per sgomberare la mente dai mille problemi e le mille scadenze, sicuri che tutto è stato efficacemente catalogato e che non perderemo nessuna informazione o appuntamento importante grazie al "sistema affidabile".

«La soluzione -- spiega Allen – è far uscire tutte queste cose dalla nostra testa e inserirle in un sistema affidabile. Cioè, scriverle. Una volta che avrete scritto tutto quello che dovete fare, e lo avrete inserito in un sistema in grado di contenere ogni genere di compito, la vostra mente sarà finalmente libera di realizzare le cose».

L'iPad è uno strumento ideale per gestire il nostro tempo secondo la metodologia GTD®, infatti, è in grado di gestire una grande quantità di canali d'input e rappresentare lui stesso un sistema sicuro su cui far confluire tutte le attività e i progetti che ci interessano:

- E-mail (più indirizzi accessibili da un unico punto)
- Instant Messaging
- Social Network:
    - Facebook
    - Google +
    - Twitter
    - ecc.
- Appunti
- Appunti vocali
- Fotografie

Altra caratteristica dell'iPad - date le dimensioni, il peso e l'autonomia della batteria - è quella di poterlo portare sempre con noi e, quindi, a nostra disposizione per memorizzare qualunque pensiero in forma scritta o vocale. E' un raccoglitore ideale in grado anche di strutturare il contenuto e di permetterci di ricercarlo facilmente e velocemente.

L'iPad rappresenta il supporto perfetto per il "sistema affidabile" della metodologia GTD®.

Dato l'elevato numero di fonti attraverso i quali riceviamo informazioni da gestire, è importante ridurre il più possibile i luoghi dove memorizziamo queste informazioni, per evitare di dover dedicare tempo a cercarle o rischiare di dimenticarcele.

Un semplice ma efficace sistema per trasformare il nostro tablet in un raccoglitore sicuro e affidabile delle nostre idee e delle informazioni che riceviamo è quello di inviare una mail a noi stessi con l'informazione ricevuta o l'idea o qualunque cosa di cui vogliamo tenere traccia o processare in un secondo momento. Per fare ciò, con l'iPad, è sufficiente richiamare il programma di posta, inserire come destinatario la propria mail e riportare nell'oggetto l'informazione da gestire in un secondo momento. Il tutto in pochi secondi.

Prima di entrare nei dettagli dell'implementazione della metodologia GTD® su iPad è necessario approfondire la metodologia stessa partendo da alcune definizioni.

Allen definisce progetto qualunque obiettivo che per essere raggiunto richiede più di un'azione "atomica". Fare il tagliando all'autovettura diventa un progetto perché richiede più azioni atomiche quali: cercare in Internet l'officina, telefonare per fissare l'appuntamento, portare e ritirare l'auto. La sua metodologia prevede l'utilizzo di più liste: la principale è "Progetti" che ci permette di avere subito una visione d'insieme di tutti i nostri principali obiettivi e diverse liste per contesto come "Telefonate", "Email", "Al computer" e "In attesa di", ecc. Possiamo definire le liste in funzione delle attività che svolgiamo. Per esempio: se il nostro responsabile si trova presso un'altra sede e lo incontriamo una volta alla settimana, potremmo "dedicargli" una lista ad hoc in cui riportare tutti gli argomenti/richieste che dobbiamo condividere con lui, senza temere di dimenticarne qualcuno o costringere la nostra mente a ricordarli. Sarà così sufficiente incontrare il nostro responsabile, con la lista a lui dedicata sott'occhio, spuntando quanto discusso. In tal modo, certi di non aver dimenticato nulla, potremo dedicarci e concentrarci unicamente e serenamente sugli argomenti da condividere.

Nella lista "In attesa di" riporteremo tutte le azioni che abbiamo demandato o le richieste fatte per le quali siamo in attesa di una risposta o di un esito. Nel caso dell'esempio "tagliando" avremo nella lista "Progetti" la voce "Tagliando all'auto" e nella lista "Telefonate" "Fissare appuntamento per tagliando" e così via. Rappresenta un elemento cardine della metodologia la verifica settimanale del nostro sistema. Durante questa verifica tra le altre attività spunteremo tutte le liste. Ad esempio: per quella "In attesa di", faremo i solleciti necessari, rivedremo l'agenda della settimana passata e quella futura, processeremo tutti gli appunti presi durante la settimana e li trasformeremo in progetti e relative azioni atomiche necessarie per realizzarli. Allen consiglia di realizzare la verifica settimanale nel nostro ufficio, in modo da avere tutto sotto mano, ma questo, spesso, per chi lavora in movimento, è quasi impossibile ed è qui che ci viene incontro il nostro iPad che ci permette di realizzare la verifica settimanale ovunque ci troviamo, connettività presente o assente.

Possiamo utilizzare l'inglese per identificare le liste, data la sua caratteristica, di essere sintetico. La lista telefonate diventerà così *calls*, la lista in attesa di sarà *waiting for* ecc.

Può tornare utile anteporre alla lista il simbolo "@", realizzando così liste come "@Waitng for, @Call, ecc." questo perché numerosi client di posta elettronica, o qualunque software che esegue automaticamente un ordinamento in ordine alfabetico, le metterà in cima alla lista prima della lettera "A".

Possiamo redigere liste legate a un contesto, se richiedono un luogo preciso in cui possiamo realizzare le azioni in esse contenute come l'ufficio o la nostra abitazione (es. @Office, @Home), o liste che richiedono strumenti particolari per portare a termine le azioni che contengono come il computer, la posta elettronica, il telefono (es. @computer, @e-mail, @calls). Possiamo, come anticipato, creare liste dedicate a nostri interlocutori abituali come il nostro responsabile, un cliente particolare, ecc.

La metodologia GTD® prevede cinque stadi della gestione del flusso di lavoro. Vediamo come il nostro tablet può aiutarci in ognuno di questi:

1. Raccolta
2. Analisi
3. Organizzazione
4. Esecuzione
5. Verifica

Raccolta

Raccolta > Analisi > Organizzazione > Esecuzione > Verifica

Raccogliamo tutte le cose che attirano la nostra attenzione, sia che appartengano alla sfera personale che a quella professionale. Ricordiamoci che non abbiamo due vite distinte ma una sola. Con il termine cose intendiamo qualunque informazione, pensiero, idea, grande o piccola, importanti o no, che vorremmo fossero diverse da come sono al momento e che, quindi, desideriamo poter cambiare:

1. Formalizziamo tutto quello che abbiamo in mente per mezzo di note, e-mail, appunti grafici, ecc.

2. Minimizziamo i raccoglitori, dove concentriamo quello che formalizziamo o che semplicemente entra nella nostra sfera di attenzione riducendoli il più possibile al nostro tablet. L'iPad è in grado di sostituire diversi strumenti fisici utilizzati per memorizzare informazioni quali per esempio:

    - Porta documenti
    - Porta biglietti da visita
    - Blocchetto/palmare per appunti
    - Registratore audio

3. Svuotiamo regolarmente i contenitori. Questo non significa eseguire tutte le azioni necessarie per completare i progetti o eseguire tutti i compiti assegnati, ma organizzarli in azioni per contesto.

Un esempio della fase di raccolta è rappresentato dall'uso che possiamo fare della posta elettronica. Se ci troviamo su un treno o in una sala di attesa e si materializza nella nostra mente un'idea che vorremmo realizzare, possiamo raccoglierla, formalizzandola, in alcune note in una mail direttamente dal nostro iPad e mandarla a noi stessi. In questo esempio il processo di scrittura della mail rappresenta la raccolta dell'idea mentre la mailbox del nostro iPad il contenitore che dovremo poi processare.

Come anticipato in precedenza, l'iPad è un ottimo strumento per migliorare la gestione del tempo, soprattutto nella fase di raccolta. Dobbiamo però tenere a mente due fondamentali consigli che la metodologia GTD® ci offre:

- Formalizzare subito tutto quello che entra nella nostra sfera di attenzione che riteniamo utile nel presente o nel futuro.
- Minimizzare il numero di "raccoglitori" dove inseriamo quanto formalizzato.

Il primo punto è fondamentale per creare un sistema di gestione del tempo affidabile, sicuri di non aver perso alcuna informazione da gestire, il secondo perché, come anticipato, dovremo periodicamente svuotare questi contenitori per processarne il contenuto, e più sono più rischiamo di disperderci e di perdere delle informazioni importanti. Questo vuole anche dire di minimizzare le applicazioni che utilizziamo sul nostro tablet per non rischiare di disperdere i dati in troppe.

Quante volte, a settimane di distanza, abbiamo ritrovato nella tasca di una giacca un biglietto da visita che non trovavamo più? Questo semplicemente perché abbiamo utilizzato un "contenitore" - la tasca della giacca - che non ci siamo ricordati di svuotare.

Altro esempio è la raccolta di appunti su un block-notes o agenda. Pratica che ho sempre realizzato prima di conoscere la metodologia GTD® comprendendone i limiti.

Durante la settimana lavorativa, in numerosi incontri con i clienti, prendevo diligentemente appunti riportando per prima cosa, la data dell'incontro di ognuno, i partecipanti e alcune informazioni sintetiche sull'obiettivo dell'incontro (es. riunione di avanzamento progetto).

Quello che spesso mi succedeva è che, questi appunti, rimanevano sul block-notes dimenticati a causa di numerose "emergenze" che si presentavano subito dopo l'incontro riportato negli appunti. Questo avveniva perché non vi era da parte mia una trasformazione in azioni per ogni appunto preso o la trasformazione dello stesso in documentazione di progetto seguendo una metodologia e periodicità fissata.

L'insieme d'informazioni e modalità con cui le riceviamo è molto vasto e dipende anche dal tipo di attività che svolgiamo; di seguito ne analizzeremo alcune, le più comuni, e vedremo come il nostro tablet può aiutarci a gestirle.

Biglietti da Visita

Nonostante il diffondersi dei biglietti da visita elettronici - ovvero quelli inviati in formato vCard per mezzo di e-mail o tra dispositivi mobili in connessione Bluetooth - in ambito professionale esiste sempre l'usanza di scambiarseli, su supporto cartaceo, durante il primo incontro di persona.

In questo caso l'iPad può venirci in aiuto in due modi: o utilizzando l'applicazione "nativa" "Contatti" disponibile su tutti gli iPad che ci permette di trasformare, ovunque ci troviamo, il biglietto da visita in un contatto inserendolo manualmente, oppure con l'iPad (escluso il primo modello privo di fotocamera) possiamo acquisirlo direttamente come "contatto" senza doverlo digitare. Infatti, sfruttando la fotocamera posteriore dell'iPad, possiamo utilizzare un'applicazione per la trasformazione di biglietti da visita, acquisiti come fotografia dalla fotocamera, in "contatti". Dopo il lancio del primo iPad dotato di fotocamera, l'iPad 2, sono passati numerosi mesi prima che fosse disponibile un'applicazione, sviluppata ad hoc per iPad, per acquisire biglietti da visita. Avendo la necessità di trasformare in contati una media di 1 o 2 biglietti da visita al giorno, e non volendo inserire i dati a mano, sono ricorso ad un'applicazione che conoscevo già ed utilizzavo

 da tempo sul mio iPhone: **"ABBYY Business Card Reader"** (€ 5,49) che, pur non essendo dichiarata compatibile con iPad, svolgeva e svolge a dovere il proprio compito. Quando l'applicazione è avviata per la prima volta
presenterà all'utente una pagina bianca, la "Inbox" dei nostri biglietti da visita (Figura 5) che si popolerà delle miniature degli stessi man mano che l'utente li acquisirà con l'applicazione. Nella barra superiore dello schermo, ai due estremi, c'è l'opzione "i" che permette l'accesso alle FAQ dell'applicazione, alla possibilità di inviare un feedback per e-mail agli sviluppatori della stessa o di esprimere una valutazione sull'App Store. L'altra scelta disponibile, nell'angolo in alto a destra, permette la creazione di gruppi/ cartelle per ordinare i biglietti da visita.

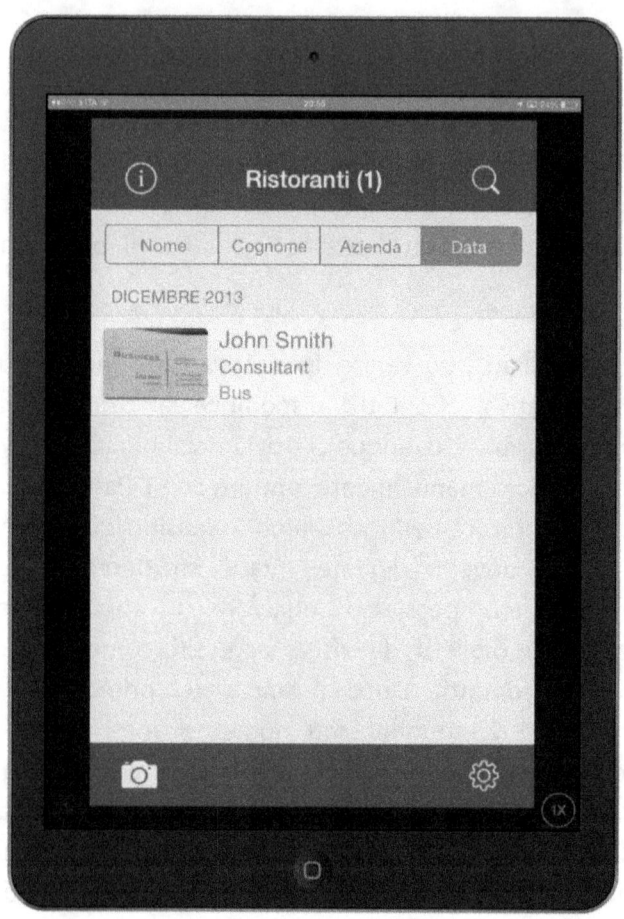

Figura 5

Potremo, per esempio, creare la cartella "Ristoranti" per raggruppare tutti i nostri preferiti o i clienti per azienda di appartenenza, ecc. Potremo ricercare i biglietti da visita per data o geolocalizzarli sulla mappa.

Nell'angolo in basso a destra dello schermo, troviamo l'accesso alle impostazioni dell'applicazione e, nell'angolo a sinistra, l'icona di una macchina fotografica ci permette di avviare l'acquisizione del biglietto da visita. Selezionando l'icona in basso a destra: si accede alle impostazioni dell'applicazione dov'è possibile inserire le proprie credenziali di accesso al servizio Salesforce® (se siamo utenti dello stesso). Per usufruire di questa funzionalità è necessario sottoscrivere un abbonamento o mensile (€ 4,49) o annuale (€ 44,99). Tramite le opzioni d'impostazione possiamo, inoltre, selezionare le lingue dei biglietti da visita in modo da permettere il riconoscimento del contenuto e selezionare i campi del contatto che desideriamo siano completati con le informazioni acquisite dal biglietto da visita. E', anche, possibile scegliere le opzioni di salvataggio dopo l'importazione dei dati, abilitare o disabilitare il salvataggio automatico della fotografia scattata al biglietto e abilitare la funzione di ritaglio dell'immagine. E' possibile gestire i gruppi/folder creandone di nuovi o cancellare/modificare gli esistenti. Per mezzo di quest'opzione possiamo eseguire una funzione di backup, un po' laboriosa, che richiede il collegamento con iTunes.

Terminata l'acquisizione del biglietto da visita (Figura 9), in pochi secondi, avremo a disposizione la scheda "contatto" compilata con quanto acquisito (Figura 7) dove saranno evidenziati in rosso eventuali campi su cui ci sono dei dubbi di corretta interpretazione.

Figura 6   Figura 7

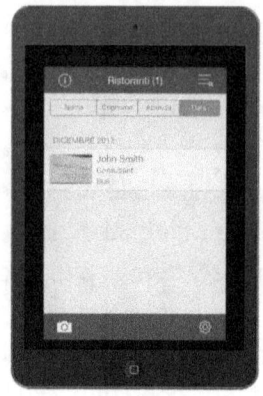  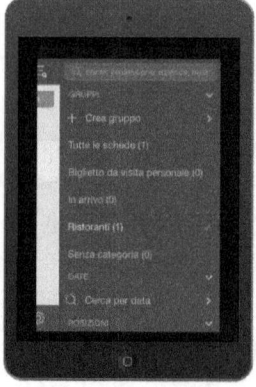

Figura 8   Figura 9   Figura 10

Potremo, così, manualmente modificare il campo con il contenuto corretto. Per aiutarci nella correzione, l'applicazione ci presenterà un estratto dell'area acquisita, dove ci sono i dubbi d'interpretazione.

L'illuminazione corretta del biglietto da visita determina la riuscita o meno dell'acquisizione. Anche il modello d'iPad e la qualità della relativa fotocamera posteriore incidono notevolmente sulla qualità di acquisizione. Prove da me realizzate con iPad2 e iPad Mini hanno dato risultati molto diversi evidenziando la migliore qualità della fotocamera dell'iPad Mini. Selezionando l'opzione "Salva" ci vengono offerte diverse scelte, ovvero: la possibilità di salvarlo nei nostri contatti solo nella sezione "Biglietti da visita" dell'applicazione, o salvarlo sia nei contatti sia nell'applicazione stessa come biglietto da visita.

Possiamo utilizzare quest'opzione se, per esempio, siamo interessati a buttare via il biglietto da visita cartaceo dopo la trasformazione in contatto e allo stesso tempo desideriamo conservarne un'immagine dello stesso.

Terminato il salvataggio, l'applicazione ci riporterà nella schermata d'inizio, ovvero nella nostra "Inbox" dove compariranno la miniatura e alcuni dati del biglietto da visita acquisito (Figura 8).

Se selezioniamo la miniatura del biglietto, l'applicazione ci presenterà la schermata come riportato nella Figura 9 che ci permette attraverso la selezione delle icone di chiamare i numeri telefonici riportati sul biglietto, di inviare un'e-mail all'eventuale indirizzo stampato sul biglietto, di inviare un sms o di aprire in Safari l'eventuale indirizzo web. L'icona raffigurante una piantina ci permette di rappresentare, su una mappa, l'indirizzo eventualmente presente sul biglietto.

Le quattro icone in fondo allo schermo ci permettono da sinistra verso destra, di condividere il biglietto da visita con altri iPhone/iPad con ABBYY installata (via Wi-Fi) o con altri nostri contatti via e-mail e SMS. L'icona della matita ci permette di modificare il contatto relativo al biglietto acquisito mentre quella raffigurante più fogli e una freccia rivolta verso il basso, di spostare in altre cartelle il biglietto acquisito. L'icona del cestino ci permette di cancellare quanto acquisito. L'icona in alto a destra raffigurante dei fogli e una matita ci permette di prendere una nota da associare al biglietto acquisito.

Tra le applicazioni create ad hoc per iPad quella che abitualmente  utilizzo è **CamCard HD - The Professional Business Card Reader** (€ 6,99). Potendo sfruttare la maggiore risoluzione dell'iPad l'applicazione offre una serie di funzioni  addizionali rispetto ad ABBYY quali, per esempio, la possibilità di condividere i biglietti acquisiti generando dei QR Code.

L'applicazione è disponibile per numerose piattaforme oltre all'iPad e l'iPhone, ovvero per Android, Windows 8, Windows Phone, BlackBerry e BlackBerry 10. Se vorremo utilizzarla su più dispositivi, potremo avere tutti i dati sincronizzati, grazie al servizio cloud che mette a disposizione la società che l'ha realizzata.

CamCard HD, quando è avviata per la prima volta, richiede all'utente di crearsi un account gratuito su i server dei creatori dell'applicazione (Figura 11). Sempre al primo avvio, l'applicazione ci evidenzia le principali funzioni come nella Figura 12.

La funzione di acquisizione dei biglietti da visita ci offre tre scelte: l'acquisizione di un singolo biglietto da visita, l'acquisizione di un insieme di biglietti e la creazione del biglietto/contatto acquisendo un QR Code che codifica un biglietto da visita. ABBYY ci permette di creare delle cartelle dove raggruppare quanto acquisito. Per esempio, ne ho create alcune come "Ristoranti" dove sono archiviati i miei preferiti, "Clienti", ecc. Ogni biglietto acquisito è condivisibile via e-mail in formato vCard o come testo allegato all'e-mail.

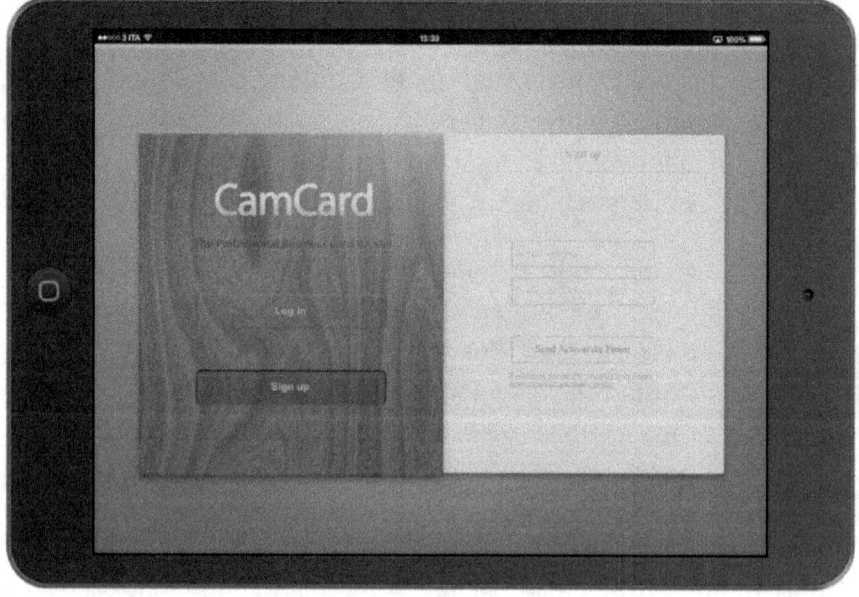

Figura 11

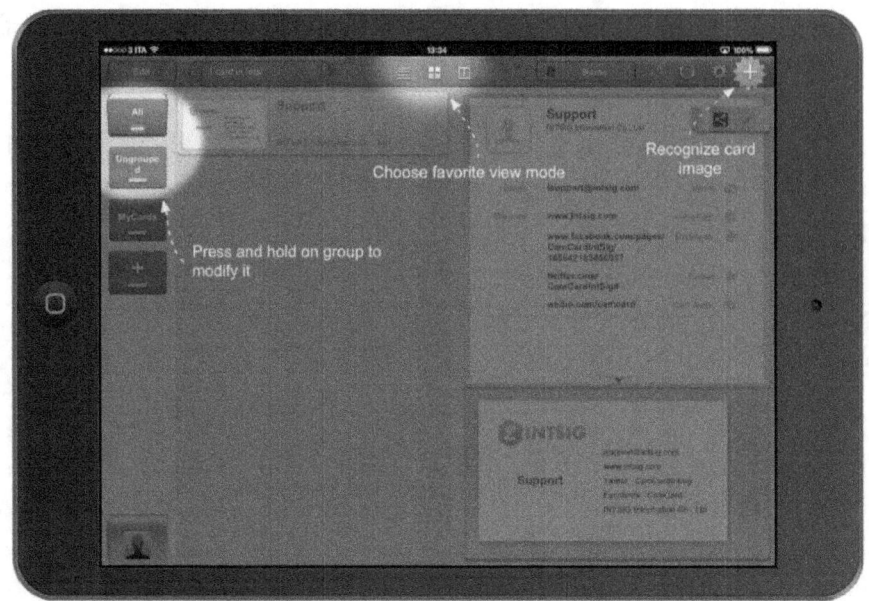

Figura 12

A differenza di ABBYY, la creazione del contatto all'interno dei contatti del nostro iPad (nell'applicazione nativa "Contatti") non avviene in modo contestuale all'acquisizione del biglietto, ma è necessario selezionare i biglietti che si desiderano importare in "Contatti" e selezionare l'opzione "Save to Phone Contacts". Dal punto di vista dell'usabilità sarebbe utile avere una funzione di condivisione del biglietto direttamente dal biglietto stesso in formato vCard. Adesso, dal biglietto stesso è possibile l'invio per e-mail, ma solo come testo allegato alla mail, come SMS (poco utile su iPad ma utilissimo nella versione per iPhone) o come QR code allegato alla mail.

E' interessante la funzione di esportazione in formato Excel che può essere utile in più di un'occasione.

L'applicazione offre diverse funzioni di ricerca e di ordinamento di quanto acquisito/memorizzato.

Dopo aver introdotto CamCard HD su iPad, ho abbandonato i

tradizionali porta biglietti da visita che richiedono continui spostamenti manuali dei biglietti a ogni nuovo inserimento.

Adesso, ogni venerdì, estraggo dal mio porta biglietti da visita quelli raccolti durante la settimana lavorativa e li acquisisco con CamCard per poi eliminarli fisicamente. Solitamente, per acquisire i biglietti utilizzo CamCard su iPhone che mi garantisce un'acquisizione più fedele grazie al flash se la luce non è ottimale e, invece, CamCard HD su iPad per visualizzarli, condividerli e altre operazioni.

L'algoritmo di riconoscimento dei caratteri è affidabile, anche se, vale sempre il fatto che, la buona illuminazione è fondamentale per un ottimale riconoscimento.

Rispetto ad ABBYY la funzione di acquisizione attiva sempre il flash sull'iPhone e scatta automaticamente la foto, se riconosce i contorni del biglietto.

CamCard HD ha altre funzioni come la possibilità di comporre graficamente il nostro biglietto da visita.

Appunti

Esistono centinaia di applicazioni per prendere appunti sul nostro tablet, alcune finalizzate alla creazione di appunti scritti a mano libera (o meglio, a dito libero) con la possibilità, quindi, di inserire disegni o schizzi, altre studiate per l'inserimento di appunti attraverso la tastiera virtuale a schermo. Le più efficaci sono quelle che permettono entrambe le modalità d'input.

Molte di queste applicazioni permettono in diversi modi di sincronizzare le note con il PC o MAC anche attraverso servizi di condivisione in internet come Dropbox, Google Docs o i servizi cloud offerti da Apple stessa (iCloud).

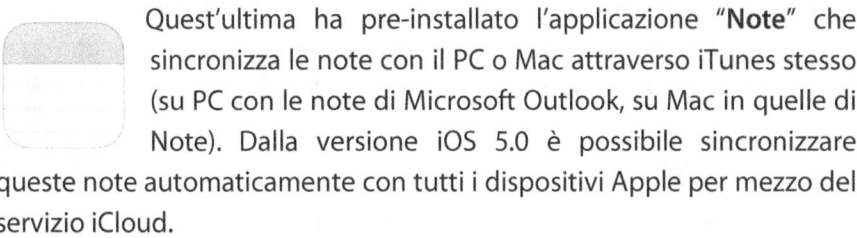

Quest'ultima ha pre-installato l'applicazione "**Note**" che sincronizza le note con il PC o Mac attraverso iTunes stesso (su PC con le note di Microsoft Outlook, su Mac in quelle di Note). Dalla versione iOS 5.0 è possibile sincronizzare queste note automaticamente con tutti i dispositivi Apple per mezzo del servizio iCloud.

A prescindere dalla tipologia di note e appunti che siamo soliti prendere (solo testo o testo e grafica), è fondamentale rispettare la regola della metodologia GTD® sul minimizzare il numero dei contenitori delle informazioni.

Più applicazioni diverse utilizzeremo e più tempo perderemo nel verificarle periodicamente per timore di perdere informazioni preziose. Questo vuole anche dire scendere a dei compromessi con noi stessi sulla scelta delle applicazioni. Se identifichiamo un'applicazione in grado di memorizzare sia appunti presi a mano libera sia con tastiera virtuale e note vocali, ma non ha l'aspetto grafico di nostro gradimento, è più produttivo "accontentarsi" che selezionare altre tre applicazioni e, quindi, triplicare i contenitori (una per gli appunti a mano, una per quelli da tastiera e una per gli appunti vocali).

Con l'obiettivo di minimizzare i contenitori e avere un sistema personale sicuro, per la gestione degli appunti possiamo utilizzare la posta elettronica come strumento di scrittura e la mailbox come contenitore.

Raramente durante le riunioni o gli incontri di business abbiamo la possibilità di prendere appunti grafici per cui, personalmente, sono solito inviarmi una mail (con destinatario me stesso) avente come oggetto l'argomento degli appunti e come contenuto gli appunti stessi scritti con la tastiera virtuale a schermo. Diverse prove realizzate e pubblicate su Internet hanno dimostrato che, generalmente, siamo più veloci a prendere appunti sull'iPad, con la tastiera virtuale sullo schermo, piuttosto che a mano libera. Tra l'altro, in questo modo, non ci sono problemi nel riconoscere la nostra calligrafia alterata dal mezzo su cui scriviamo che vedremo diverso da un normale foglio di carta.

Se abbiamo il piacere di scrivere con uno sfondo di pagina gialla da "note" e archiviare le note in un'applicazione, possiamo utilizzare l'applicazione nativa "Note". Terminato di scrivere, ricordiamoci però di inviarci la nota come mail in modo da far convergere tutto nel raccoglitore mailbox che poi processeremo, senza doverci ricordare di andare a rivedere le note memorizzate nell'applicazione stessa.

Se abbiamo il piacere di scrivere con uno sfondo di pagina gialla da "note" e archiviare le note in un'applicazione, possiamo utilizzare l'applicazione nativa "Note". Terminato di scrivere, ricordiamoci però di inviarci la nota come mail in modo da far convergere tutto nel raccoglitore mailbox che poi processeremo, senza doverci ricordare di andare a rivedere le note memorizzate nell'applicazione stessa.

Se abbiamo l'esigenza di prendere appunti a mano libera o testo e grafica insieme, dobbiamo necessariamente ricorrere a un'applicazione

 dell'App Store perché non ne troviamo native sull'iPad. La scelta è molto vasta, io, personalmente, utilizzo **Note Plus** (€ 8,99).

Oltre alle funzionalità evolute dell'applicazione ho apprezzato sul sito dello sviluppatore (http://notesplusapp.com/) i video tutorial che velocemente insegnano a utilizzarne le funzioni.

L'applicazione permette di realizzare appunti con testo inserito dalla tastiera virtuale con la possibilità di scegliere il font dei caratteri, la dimensione e il colore. E' possibile, inoltre, inserire appunti disegnando/scrivendo con le dita sul video o per mezzo di un'apposita categoria di penne adatte al display dell'iPad che vedremo in seguito.

E' interessante la possibilità di impartire comandi all'applicazione con particolari gesti realizzati sul display con le dita (gesture), per esempio: circondando un oggetto sullo schermo, sia esso un tratto a mano, una forma geometrica o del testo inserito da tastiera virtuale, questo viene selezionato ed è possibile spostarlo a piacimento o cancellarlo.

Se desideriamo disegnare delle forme geometriche come triangoli, quadrati, rombi, cerchi, ecc. è sufficiente tracciarli a mano libera con un movimento non troppo veloce e l'applicazione riconoscerà che abbiamo disegnato una forma geometrica sostituendo la forma creata con il nostro tratto a mano libera con un perfetto triangolo, quadrato, ecc. Per utilizzare questa funzionalità è necessaria un po' di pratica.

Selezionando l'icona di un microfono è possibile aggiungere ai nostri appunti una registrazione. Come in un blocco-notes reale, è possibile voltare pagina e continuare a prendere appunti. Quando desidereremo esportare le nostre note potremo decidere se esportare la singola pagina o tutte in formato PDF.

Le possibilità di esportazione delle note sono varie: dalla semplice esportazione della singola pagina nel rullino fotografico dell'iPad all'invio completo in PDF o come immagini (PNG) per e-mail, su iTunes o su una qualunque applicazione presente sul nostro iPad e compatibile con il formato PDF/PNG. Molto utile è la possibilità di esportare le note su servizi cloud come Google Drive e Dropbox, se impostiamo i relativi account dalle impostazioni dell'applicazione, e sul nostro account di Evernote, funzionalità che scopriremo molto utile se sceglieremo

Evernote come nostro contenitore principale.

Ricordiamoci, sempre, dell'obiettivo di minimizzare i contenitori delle nostre informazioni. Se decidiamo di utilizzare quest'applicazione come contenitore dovremo ricordarci di consultarla periodicamente e di svuotarla, come insegna la metodologia durante le fasi di verifica periodica del nostro sistema GTD®. Personalmente, la utilizzo quando ho la necessità di prendere appunti a mano libera, ma poi invio quanto realizzato al mio contenitore principale (Evernote) così non devo ricordarmi di verificare di aver memorizzato degli appunti non processati.

L'applicazione permette una completa gestione di cartelle nelle quali raggruppare gli appunti con la possibilità di proteggerli da sguardi indiscreti per mezzo di password. Nella Figura 13 sono evidenziate le funzionalità per gestire le cartelle e l'aspetto dell'applicazione quando opera in orientamento orizzontale dell'iPad.

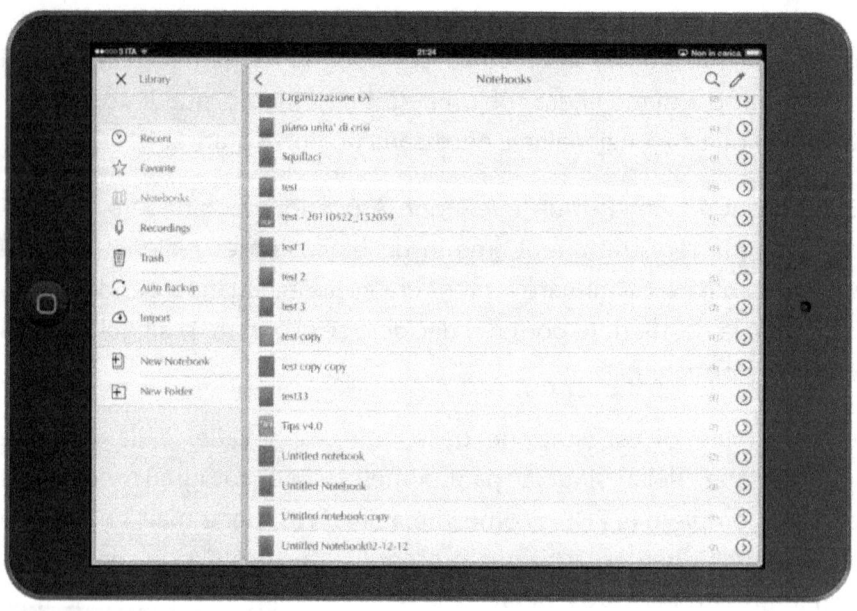

Figura 13

Note Plus lavora anche in modalità verticale offrendo all'utente la sensazione di impugnare un block-notes cartaceo. Con un gesto delle dita è possibile portare l'applicazione a tutto schermo come mostrato nella Figura 14.

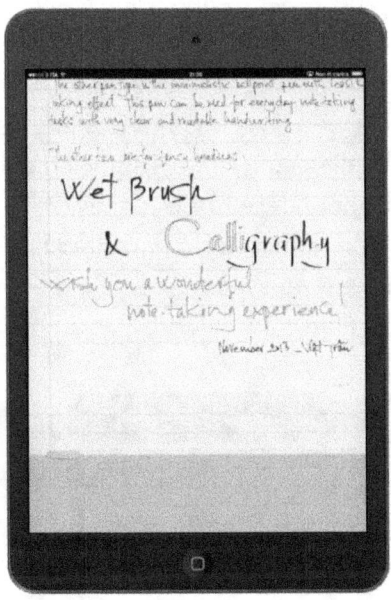

Figura 14

La zona grigia (visibile in fondo alla Figura 14) è un'area che possiamo variare come ampiezza, ma in questa non è possibile scrivere. Infatti, serve per appoggiare in modo naturale il palmo della nostra mano e scrivere con le dita o una penna ad hoc.

L'interfaccia utente di Note Plus è stata studiata con attenzione per offrire all'utente un'ottima esperienza d'uso (usabilità) secondo le line guida e lo stile di iOS 7.

Definire quest'applicazione un block-notes digitale è alquanto riduttivo. Al suo interno contiene un web browser attivabile semplicemente spostando con il dito la barra dei comandi verticale, presente sulla sinistra dello schermo, verso destra. Con quest'operazione avremo a disposizione il web browser riportato nella Figura 15 ritrovando la barra di navigazione verticale a destra dello schermo. Se selezioneremo una qualunque immagine presente nella pagina web (nell'esempio della Figura 15 ho aperto nel browser la pagina della Wikipedia relativa alla metodologia GTD®), questa sarà evidenziata e avremo a disposizione un menù contestuale che ci permette di copiarla nel nostro block-notes digitale (Figura 17). Se invece di selezionare un'immagine specifica all'interno della pagina web desideriamo ricopiare nei nostri appunti una qualunque porzione della pagina web è sufficiente selezionare l'icona in alto a destra con il simbolo delle forbici per avere a disposizione un'area rettangolare (variabile in dimensioni) per "ritagliare" quanto desiderato (Figura 16). Il risultato ottenuto copiando l'immagine grafica nei nostri appunti è visibile nella Figura 17.

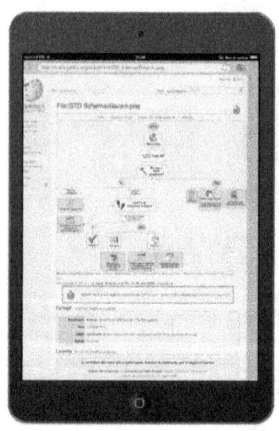 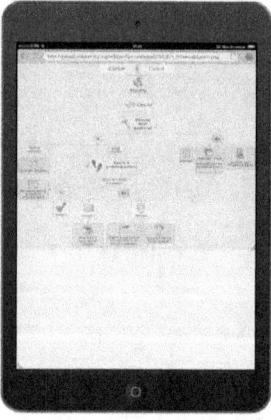 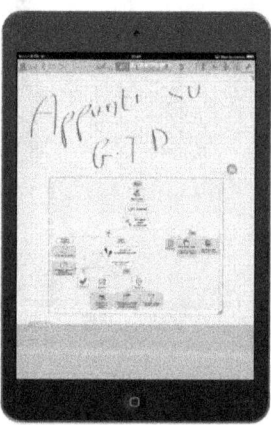

Figura 15　　　　　　　　Figura 16　　　　　　　　Figura 17

L'autore dell'applicazione ha integrato nella stessa, a partire dalla versione 3.0, un'ottima tecnologia per riconoscere la scrittura a mano libera. Per mezzo di questa tecnologia possiamo scrivere in stampatello e in corsivo e quanto da noi scritto può essere convertito in testo. Questa tecnologia è stata acquistata dallo sviluppatore da un'altra azienda e per poterne usufruire era necessario acquistare, da Note Plus stesso, questa funzionalità al costo di € 1,79. Con la nuova versione, rilasciata a febbraio 2015, questa funzionalità è integrata nell'applicazione. Questa funzionalità è molto utile se desideriamo elaborare, in seguito, i nostri appunti con applicazioni come Pages o MS Word su iPad o qualunque altra applicazione per gestire testi su desktop/notebook. Infatti, Note Plus, gestendo in modo combinato grafica e testi è in grado di esportare solo in formato grafico, ovvero come immagine grafica o in formato PDF. In entrambi i casi non potremo poi modificare il contenuto con un elaboratore di testi.

Dopo aver acquistato la funzionalità di riconoscimento del testo dal pannello dell'applicazione, per poterla utilizzare, è sufficiente cerchiare, "a mano libera", quanto scritto a mano perché questa selezione venga evidenziata (Figura 18). Selezionando l'area si apre il menù contestuale che, tra le varie opzioni applicabili a una selezione, è disponibile "Convert to Text".

Il risultato di questa conversione è visibile nella Figura 19.

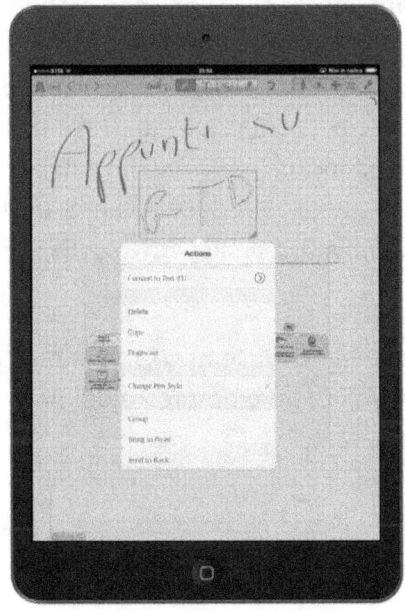 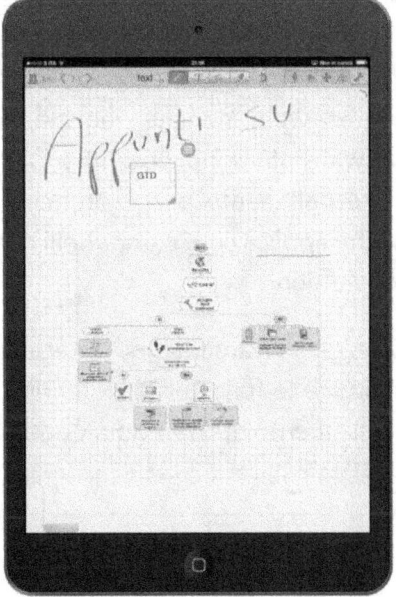

Figura 18   Figura 19

Attraverso l'opzione "Convert to Text" è possibile cambiare la lingua del testo scritto per massimizzare la qualità della conversione.

I risultati di conversione sono ottimi, anche se, ovviamente, la tecnologia per riconoscere il testo non è infallibile e la qualità del risultato è proporzionale a quanto ci impegneremo a scrivere bene. Sono sinceramente rimasto stupito della qualità dei risultati con la mia calligrafia che reputo pessima.

Tramite l'icona della chiave inglese, presente nell'angolo in alto a destra, si attiva il ricco e completo menù "Tools" che, oltre a funzioni come apertura, salvataggio ed eliminazione delle note, ci permette di modificare il formato della pagina, inserire forme grafiche, foto, esportare le note e stamparle.

Tramite la funzione "Help" possiamo richiamare una nota che offre una sintetica e chiara guida per l'utilizzo di tutte le principali funzionalità dell'applicazione.

Note Plus è tra le più potenti e complete applicazioni per prendere appunti su iPad sfruttando anche la possibilità di inserire note scritte a mano, forme geometriche, immagini grafiche e dati provenienti da pagine web, nonché registrazioni audio. Come tutti gli strumenti software più sono potenti e più richiedono un minimo di pratica da parte dell'utente per padroneggiarli al meglio. Vedremo che è tra le poche applicazioni compatibili con le innovative penne attive della serie Jot di Adonit.

Consiglio vivamente di dedicare un minimo di tempo a imparare a utilizzare le funzioni di Note Plus perché rientreremo presto del nostro investimento utilizzandolo quotidianamente.

Penna per iPad

Come anticipato in precedenza, è possibile prendere appunti, oltre che con le dita, anche con apposite penne studiate per il tipo di display dell'iPad.

In commercio esistono sostanzialmente due tipi diversi di display touchscreen: resistivi e capacitivi. La prima tecnologia sviluppata nel 1995 è stata quella resistiva che si basa sulla resistenza elettrica. Esercitando una pressione sullo schermo si crea un contatto tra due strati conduttori. Il dispositivo rileva le coordinate della pressione e, quindi, il punto di contatto. Questo tipo di display può essere utilizzato oltre che con le dita anche con un pennino plastico in quanto, come già detto, si basa sulla pressione della superficie del display.

L'iPad è dotato, invece, di un display di tipo capacitivo in grado di individuare le coordinate del tocco grazie ai sensori che rilevano il flusso di elettroni, messo in movimento dal tocco delle dita umane.

Il funzionamento si basa su di un flusso costante di elettroni che attraversa il display, realizzabile con questa tecnologia anche in vetro, come per l'iPad. Quando un dito sfiora il display, il flusso di elettroni varia, questa variazione è rilevata identificando le coordinate dell'avvenuto sfioramento. Con il display capacitivo dell'iPad non è, quindi, possibile utilizzare gli stessi pennini di plastica utilizzati con i display resistivi, poiché non conducono l'elettricità come invece permettono le dita. E' possibile, però, utilizzare pennini studiati apposta per gli schermi capacitivi.

Gli schermi capacitivi hanno dei vantaggi, come la possibilità del multi-touch, e degli svantaggi - ovvero minor precisione - con i pennini, rispetto agli schermi resistivi.

L'iPad è stato studiato e progettato dal punto di vista ergonomico e di esperienza utente per essere utilizzato con il tocco delle dita sia per disegnare e prendere appunti a mano libera sia per scrivere documenti e mail con la tastiera virtuale sullo schermo. Dobbiamo anche fare attenzione a non appoggiare il palmo della mano sullo schermo mentre scriviamo, gesto che naturalmente facciamo quando scriviamo con una penna su un foglio di carta.

Se, però, desideriamo usarlo con un pennino capacitivo possiamo farlo, senza aspettarci però di avere la stessa esperienza di scrivere a mano libera su un foglio. Infatti, è necessaria una pressione superiore a quella che siamo abituati a fare con una penna e anche l'inclinazione della stessa deve essere il più perpendicolare possibile con lo schermo.

Ho sperimentato diversi pennini capacitivi rimanendo numerose volte insoddisfatto. Produttori leader di mercato per accessori per iPhone e iPad hanno sviluppato diversi modelli di pennini sia per uso artistico sia come penna digitale. Anche l'iPhone utilizza lo stesso tipo di display.

Tra i vari modelli provati, a basso costo, quello che preferisco, in termini di utilizzabilità - ovvero precisione per quanto si può richiedere ad una stilo capacitiva - e per design è quello della Griffin (Figura 20).

Figura 20

Allo stesso livello anche quella della Targus (Figura 21).

Figura 21

Se desideriamo prendere appunti scrivendo a mano libera avremo un risultato migliore utilizzando un pennino, piuttosto che le dita.

Per quanto riguarda l'uso più artistico dell'iPad, come foglio da disegno, ha prodotto dei buoni risultati grafici l'Alu Pen che, già dalla sua ergonomia di "matitona", fa emergere la sua vocazione artistica ed è disponibile in diversi colori come si evince dalla Figura 22.

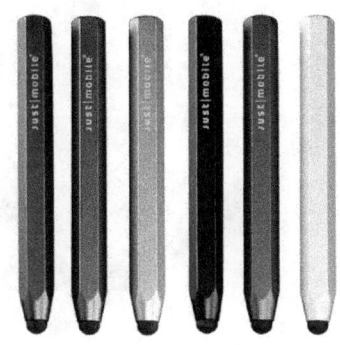

Figura 22

Per aggirare le limitazioni imposte dallo schermo capacitivo, sono comparse sul mercato diverse penne che utilizzano un hardware dedicato per iPad, come la A5 Smart Pen o la connessione Bluetooth come l'Adonit Jet Touch.

L'A5 Smart Pen dell'apen è composta dalla penna, molto simile a quella che utilizziamo per scrivere sulla carta, e da un connettore da inserire nella porta del nostro iPad (Figura 23).

Ho avuto l'opportunità di provarla per alcuni giorni e il mio verdetto non è molto positivo. La necessità di aggiungere all'iPad un connettore (l'ingombro è visibile in alto a sinistra all'altezza del connettore dell'iPad nella Figura 23) implica la necessità di portarsi dietro anche questo connettore. Questo hardware aggiuntivo è alimentato dalla stessa batteria dell'iPad e, se scriviamo per parecchio tempo, questo incide sulla sua autonomia.

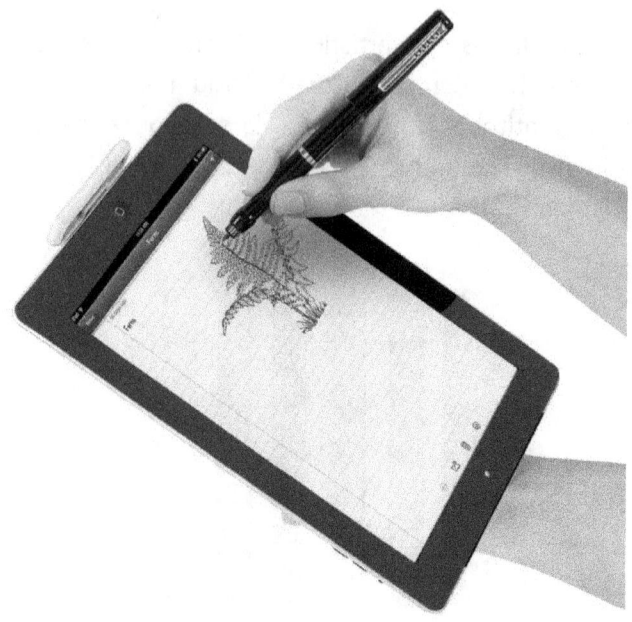

Figura 23

Nell'utilizzo della penna ho registrato un certo ritardo tra il movimento della penna e quanto scritto sullo schermo, e questo ritardo infastidisce l'utente come la precisione, discutibile, tra la posizione reale della punta sullo schermo e quanto è rilevato dall'iPad.

Solo una decina di applicazioni disponibili su App Store sono compatibili, al momento, con questa penna ma, soprattutto, il connettore del dispositivo da connettere all'iPad ha il connettore a 30 pin e, se abbiamo un iPad con connettore Lightning, non potremo usarlo a meno di sperimentare un adattatore per convertire dai 30 pin al connettore Lightning.

Il costo della A5 Smart Pen è di circa $ 129.

Dal mese di novembre 2012 ho adottato, per il mio utilizzo quasi quotidiano, la Adonit Jot Touch (costo circa € 100). A differenza del prodotto dell'apen, non richiede hardware aggiuntivo utilizzando, per comunicare con l'iPad, il collegamento Bluetooth. In particolare, questa utilizza la versione LE del Bluetooth a basso consumo di energia. La Jot Touch è, quindi, compatibile solo con gli iPad dalla versione 3 in poi compresi gli iPad mini.

Nella Figura 24 è raffigurata l'immagine della penna. Nella figura la penna poggia sull'elegante chiavetta USB che permette la ricarica della batteria interna della penna, con un'autonomia dichiarata di 11 ore di utilizzo.

Figura 24

Pesa 20 grammi ed ha le dimensioni di una normale penna. E' disponibile in color bianco e nero ed è equipaggiata con una punta in grado di rilevare sino a 2048 diversi livelli di pressione. E' compatibile con tutte le applicazioni ma, se vogliamo sfruttare l'informazione della pressione applicata sulla punta, dobbiamo, utilizzare applicazioni che hanno integrato al loro interno le librerie software messe a disposizione dall'Adonit.

Il prodotto è assemblato con componenti di qualità e, a mio avviso, ha un design molto bello. Nella Figura 24 sono visibili i due tasti che permettono di interagire con la penna in fase di configurazione con il

Bluetooth del proprio iPad. Gli stessi tasti, se le applicazioni lo prevedono, possono impartire comandi alle applicazioni stesse. Per esempio, se utilizziamo la Jot Touch con l'applicazione per disegnare Procreate i tasti sulla penna permettono di annullare l'ultima istruzione impartita all'applicazione o di ripeterla.

A fine 2014 le applicazioni compatibili con la Jot Touch, ovvero che hanno integrato al loro interno il sistema di sviluppo per sfruttare l'informazione della pressione e/o dei tasti presenti sulla penna, sono oltre 20 e altre lo diventeranno presto.

Tra queste anche Notes Plus che, al momento, non sfrutta i tasti fisici presenti sulla penna (dovremo abilitare la penna dal menù di configurazione dell'applicazione).

Con Jot Touch possiamo mantenere un livello d'inclinazione rispetto al display dell'iPad paragonabile a quello che utilizziamo abitualmente con carta e penna. L'esperienza utente dell'utilizzo di questa penna sullo schermo dell'iPad è molto simile a quella provata con la tradizionale penna e carta.Se non abbiamo bisogno della funzione che rileva la pressione dello stilo sullo schermo possiamo acquistare la versione "passiva" della Adonit Jot Touch, la Adonit Jot Flip al costo di circa € 30 che si differenzia per la mancanza dell'elettronica necessaria a rilevare la pressione sullo schermo e per la punta composta da un piccolo disco plastico come da Figura 25.

Continuerò sicuramente a prendere appunti con la tastiera virtuale dell'iPad, ma quando avrò la necessità di realizzare disegni, schemi o tutto ciò che richiede "mano libera" ricorrerò alla Jot Touch, cui ho riservato uno spazio ad hoc nella mia borsa dove porto sempre con me l'iPad.

Figura 25

Tastiere fisiche

Il sistema operativo dell'iPad, iOS, è stato studiato e progettato per permettere la migliore esperienza utente e usabilità dell'iPad con il tocco delle dita. Così, tutte le applicazioni utilizzano controlli e interfacce grafiche ottimizzate per l'utilizzo con le dita.

Le prime volte che digitiamo sulla tastiera virtuale sull'iPad e, quindi, su una superficie di vetro, percepiamo, rispetto a una tastiera tradizionale, la mancanza della retroazione dei tasti più che le dimensioni ridotte.

Fatta questa premessa, se abbiamo la necessità di scrivere molto testo e non possiamo fare a meno della sensazione della retroazione dei tasti, possiamo acquistare una tastiera fisica esterna. La stessa Apple ne propone diversi modelli: da quella collegabile in Bluetooth a quella con supporto integrato per posizionare il dispositivo difronte alla tastiera stessa.

Esistono numerosissime soluzioni sul mercato che prevedono la tastiera Bluetooth integrata con la custodia stessa dell'iPad. Il vantaggio di questo tipo di soluzione risiede soprattutto nell'avere un unico oggetto da portarsi dietro (e da ricordare). Diventa una soluzione svantaggiosa se, alcune volte, vogliamo portare con noi solo l'iPad senza tastiera. Infatti, in questo caso dovremo ogni volta "estrarlo" dalla custodia che integra anche la tastiera e inserirlo in un'altra custodia.

La soluzione che ho scelto, quando necessito effettivamente di scrivere molto è Logitech Ultrathin Keyboard Cover che offre maggior praticità rispetto ad una custodia con tastiera integrata, in quanto, è lei stessa che svolge la funzione di custodia. E' compatibile con tutti gli iPad successivi alla prima versione (Air e mini compresi). E' molto leggera (circa 300 grammi) e la batteria può durare anche un mese. Il suo costo parte da circa € 80. E' costruita con ottimi materiali e digitare sui tasti è un piacere. Tra i pochi aspetti negativi, la difficoltà di utilizzare la tastiera con una cover per il dorso dell'iPad (pochissime sono compatibili) e, quindi, il rischio di rigare il dorso dell'iPad che rimane senza protezione (Figura 26 e Figura 27).

Figura 26

Figura 27

Per ovviare a questo, ho applicato una pellicola protettiva sul retro dell'iPad in modo da proteggerlo dai graffi (io ho adottato la ZAGG Invisible Shield Back ma ne esistono numerose).

L'utilizzo di una tastiera fisica lo trovo utile, sempre se dobbiamo scrivere molto testo, per l'iPad mini dove le dimensioni del display limitano la parte di schermo disponibile una volta aperta la tastiera virtuale e, soprattutto, la dimensione dei tasti, che non è così generosa come su un iPad con display da quasi 10".

La principale problematica che s'incontra utilizzando una tastiera fisica è la sensazione di essere difronte a un desktop o notebook e ci verrà più naturale ricercare con la mano il mouse che utilizzare le dita per selezionare le opzioni delle applicazioni.

Una tastiera fisica ci aiuta ad aumentare la nostra produttività soprattutto grazie alla riduzione degli errori di digitazione, anche se le nuove funzionalità di iOS possono aiutarci anche con la tradizionale tastiera virtuale.

Con iOS 8 ci sono due grosse novità in termini di tastiera virtuale: l'introduzione di una barra sopra la tastiera virtuale che man mano che digitiamo le parole ci suggerisce alcune parole anticipando quanto dobbiamo ancora digitale, e la possibilità di aggiungere vere e proprie nuove modalità di digitazione sulla tastiera.

Apple ha reso possibile, con iOS 8, agli sviluppatori, di realizzare nuove tastiere con cui sostituire quella tradizionale Apple.

Alcune di queste tastiere virtuali utilizzano sofisticati algoritmi per predire quello che vogliamo scrivere e suggerirci quindi la parola che abbiamo iniziato a comporre.

Queste nuove tastiere sono utili sulla tastiera dell'iPhone dove non possiamo digitare con due mani, ma sull'iPad perdono la loro efficacia. Infatti, mentre digitiamo, dobbiamo fare attenzione alle parole che le tastiere predittive ci suggeriscono e, nel caso identifichiamo la parola che desideriamo digitare, dobbiamo selezionarla toccandola per poi tornare a digitare la parola successiva.

Questa richiesta di attenzione e l'interruzione della digitazione, nel mio caso, non ha generato un aumento della mia velocità di digitazione anzi, in alcuni casi, un peggioramento.

Se desideriamo fare a meno di una tastiera esterna, anche se abbiamo esigenza di scrivere ben oltre qualche e-mail, con un minimo di esercizio, possiamo migliorare la nostra velocità e accuratezza di digitazione sulla tastiera virtuale anche nella versione non predittiva. Con pochissimo esercizio possiamo arrivare a scrivere 35 parole al minuto esenti da errori di digitazione.

 Per misurare la nostra velocità ed eseguire alcuni esercizi per migliorare le nostre doti di digitazione, possiamo utilizzare **TapTyping** disponibile gratuitamente su App Store.

Se decidiamo di affidarci unicamente alla tastiera virtuale dobbiamo porre particolare attenzione alla scelta dell'eventuale custodia per il nostro iPad. A mie spese ho scoperto che bellissime custodie di pelle, pur donando eleganza all'amata "tavoletta", sono troppo flessibili se utilizzate per inclinare sul piano l'iPad per migliorare l'angolazione per digitare sulla tastiera. Dopo numerose prove sono tornato ai prodotti originali Apple come la Smart Cover.

Appunti Vocali

Come per le applicazioni per appunti, anche quelle per prendere note vocali sono numerosissime sull'App Store. Diverse applicazioni per appunti di testo hanno anche la funzionalità di registrare l'audio come nel caso di Note Plus e di Evernote che vedremo più avanti.

Per esperienza, ho trovato molto utile la possibilità di registrare gli interventi durante workshop e conferenze sfruttando l'ottimo microfono dell'iPad che, quasi sempre, mi ha permesso buone registrazioni in termini di qualità sonora anche senza essere vicino agli altoparlanti o ai relatori.

Una funzionalità molto utile per questo impiego è la possibilità di prendere anche note testuali mentre si registra con la possibilità, in seguito, in fase di ascolto, di spostarsi sulle note scritte e in automatico  avere il posizionamento della registrazione proprio nel momento in cui sono state prese quelle note (funzionalità non disponibile, al momento, né in Note Plus e neppure in  Evernote). Tra le varie applicazioni provate, quella che ho selezionato per questo tipo di appunti è **AudioNota** (€ 4,49), disponibile in versione di prova con alcune limitazioni, quali l'impossibilità di esportare la registrazione fatta e una limitazione sui minuti massimi per ogni registrazione.

L'utilizzo è molto semplice: una volta avviata non resta che selezionare "Nuovo" se vogliamo creare una nuova nota e selezionare il simbolo "REC" per avviare la registrazione.

La prima parola/frase che scriveremo diventerà in automatico anche il nome della nota. Nell'esempio riportato in Figura 28 la frase "SharePoint 2" è diventata il nome della nota. A fianco di ogni riga di note è riportato il minuto relativo registrato.

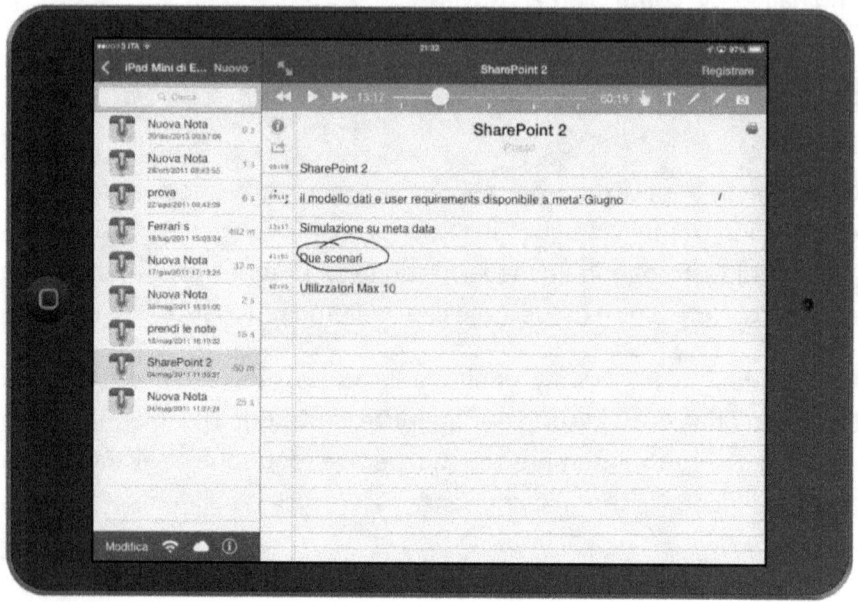

Figura 28

Terminata la registrazione è sufficiente toccare una parola degli appunti per farne cambiare il colore in blu e l'applicazione farà, istantaneamente, avanzare la registrazione spostandoci esattamente nel punto in cui abbiamo scritto la parola "Simulazione". Potremo così riascoltare la registrazione consultando in contemporanea gli appunti presi proprio in quel punto della registrazione. Potremo anche variare la velocità della riproduzione dal 66% al 150%. L'applicazione permette anche di evidenziare degli appunti come per la frase "Utilizzatori Max 10" (Figura 28) evidenziata in giallo o di prendere appunti a mano libera come nel caso dalla parola "Due scenari", circondata da un tratto di penna fatto a mano libera. Potremo arricchire le nostre note cambiando lo spessore e il colore del tratto a mano libera, aggiungere forme come rettangoli e ovali, linee rette e frecce. Interessante è la possibilità di allegare foto scattare sul momento o prelevate dal rullino del nostro iPad.

Anche per quest'applicazione vale la regola di decidere se trasformarla in un contenitore da verificare e svuotare giornalmente, o far confluire le note prese per e-mail nella nostra mailbox o in Evernote.

La funzione di esportazione verso la mailbox è rapida e a portata di mano. Basta, infatti, selezionare l'icona ↱ per accedere a un menù contestuale che ci permette, tra le varie opzioni, di allegarla in una mail in formato "AudioNota File". Per aprire questo allegato, su un computer Mac Os o Windows, dovremo utilizzare la relativa applicazione in vendita, nel caso di Mac Os su Mac App Store. Ne esiste anche una versione gratuita con delle limitazioni (http://luminantsoftware.com/). Tra le altre opzioni di esportazione abbiamo anche la possibilità di inviarla, sempre per mail, ma solo come PDF con testo e disegni e, quindi, senza audio o di esportare solo l'audio via e-mail.

Se la registrazione dura numerosi minuti, il file audio creato occuperà molto spazio e, al di sopra di un valore, l'applicazione si rifiuterà di creare la mail con un allegato così grande che, sicuramente, sarebbe rifiutato, per le dimensioni, dal nostro server della posta.

In questo caso non resta che sincronizzare l'iPad con il nostro PC o Mac attraverso iTunes e, di conseguenza, importare anche il file audio o passare il file audio attraverso l'opzione Wi-Fi e il browser del nostro Mac/PC.

L'applicazione ci permette di memorizzare le note create o dentro l'iPad stesso o su iCloud e/o Dropbox se abbiamo i relativi account. In questo modo dal nostro Mac o PC sarà facilissimo accedere a queste note memorizzate in modalità cloud su uno dei due servizi configurabili nell'applicazione.

Le note così create potremo quindi processarle o archiviarle sempre secondo la metodologia GTD®.

Raccoglitore e archivio multipiattaforma: Evernote

 **Evernote** è un'applicazione gratuita disponibile per Microsoft Windows, Mac Os, iOS (iPhone, iPad, iPod Touch), BlackBerry, Android e per il Web. I dati in  essa contenuti possono essere sincronizzati e acceduti da tutti questi ambienti.

Evernote può essere molto utile nella fase di raccolta della metodologia GTD® rappresentando un'ottima soluzione, come "contenitore" principale, per le informazioni in ingresso nella nostra sfera di attenzione. Il suo obiettivo è quello di permettere l'inserimento di note e documenti in modo molto veloce. Queste note possono essere inserite da tastiera virtuale (nel caso dei *device* mobili) o essere immagini/foto o note audio. A ogni informazione può essere associata una proprietà/etichetta (tag) che ne identifica la lista di appartenenza, per esempio: "In attesa", "Personale", "Progetto XYZ". Dalla versione 3.0.0 è possibile anche condividere i nostri appunti con altre persone, per esempio, con il proprio team di progetto e tutti i componenti potranno aggiungere informazioni, foto, ecc. alla/e note condivise.

Esistono dei plug-in per i più diffusi browser come Google Chrome e Safari che permettono con un singolo click di importare dentro Evernote il semplice indirizzo (URL), l'intera pagina o una sezione della stessa.

Per poter utilizzare Evernote è necessario creare un account gratuito che ci metterà a disposizione anche un indirizzo di posta elettronica. Qualunque testo o immagine inviamo, come allegato a questo indirizzo e-mail, entrerà automaticamente dentro il nostro Evernote. Questa funzionalità è molto utile se desideriamo utilizzare Evernote come contenitore principale del nostro sistema GTD®.

L'indirizzo e-mail che ci sarà messo a disposizione sarà del tipo: nostrausername.numerounivoco@m.evernote.com.

Per le ricerche necessarie per la creazione del presente libro, è stato fondamentale poter raccogliere e catalogare (con gli attributi, tag) in modo ordinato: articoli, blogs, forum, ecc.

Evernote può essere utile anche nella fase dell'organizzazione delle informazioni se lo utilizziamo come archivio per il materiale di progetto. L'applicazione sia per i dispositivi mobili che per i desktop è gratuita con delle soglie massime di note memorizzabili al mese, sia in termini di numero sia di occupazione di spazio di memorizzazione. Altra

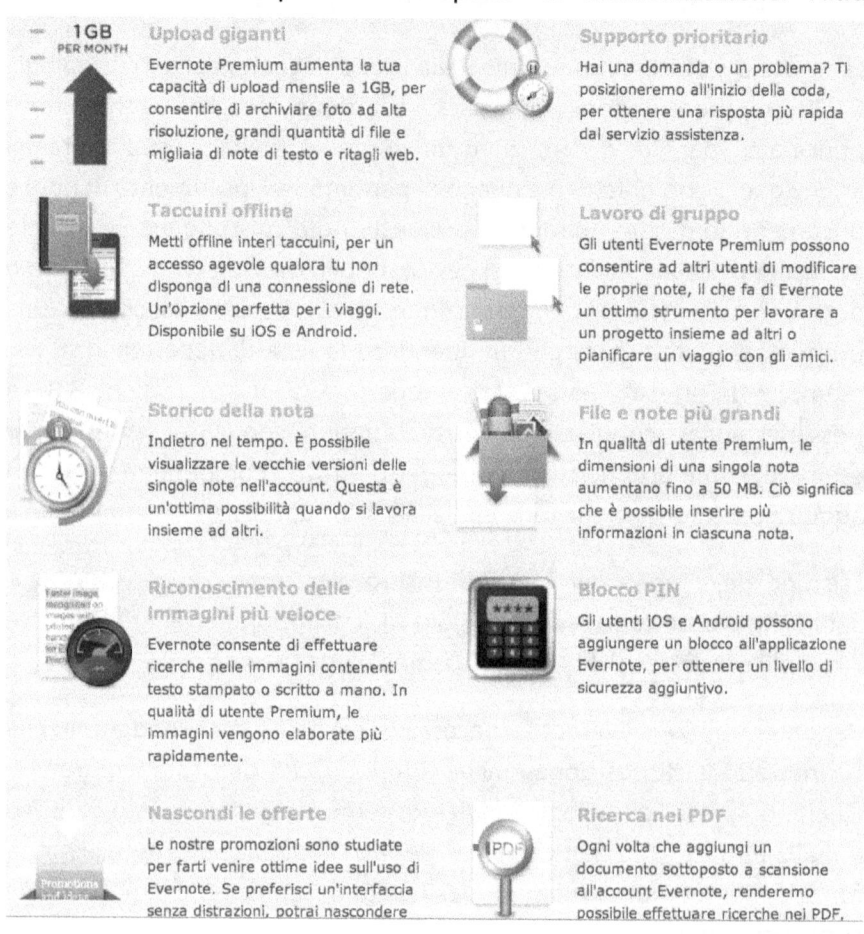

Figura 29

limitazione della versione gratuita è l'impossibilità di visualizzare le note memorizzate se non abbiamo collegamento Internet. Per eliminare questi vincoli è necessario sottoscrivere un abbonamento premium dal costo o di € 5 al mese o € 45 per tutto l'anno.

Nella Figura 29 sono riportati i vantaggi della versione premium rispetto a quella gratuita (http://evernote.com/intl/it/premium/).

Evernote ci permette di raggruppare più note all'interno di un taccuino (notebook) e a ogni nota è associata automaticamente l'informazione geografica, dove questa è creata, grazie al GPS dell'iPad.

Nel mese di settembre 2013, Evernote, ha ricevuto un aggiornamento importante che l'ha portato alla versione 7.0 dalla 5.4.3. Con quest'aggiornamento l'interfaccia grafica è stata completamente ridisegnata per seguire le linee guida grafiche di iOS 7 (Figura 30).

Quest'aggiornamento è stato realizzato sia per la versione iPad sia iPhone e desktop.

Il menù principale dell'applicazione si trova a sinistra dello schermo e sono ben evidenziate le icone che

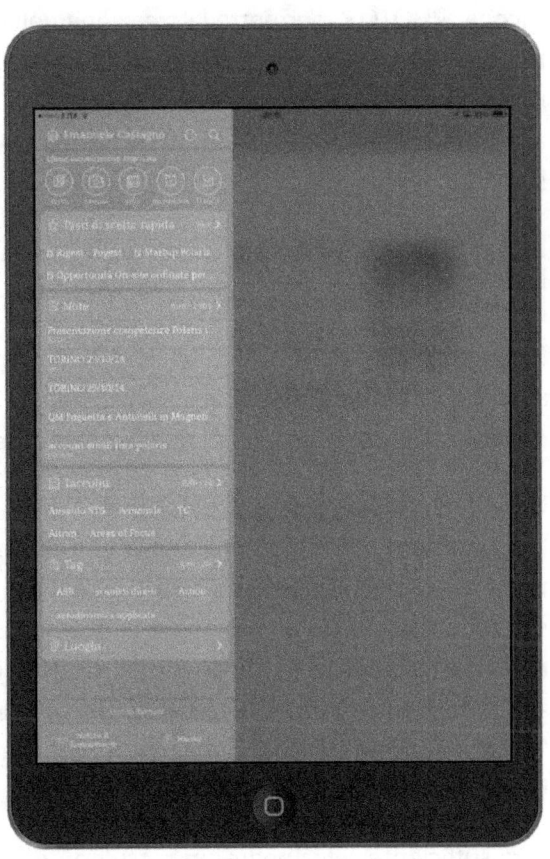

Figura 30

permettono una rapida creazione della nota (in cima al menù, evidenziato nella Figura 31).

Figura 31

Se selezioneremo l'icona "TEXT", avvieremo la creazione di una nota di testo, mentre se selezioneremo "Camera", si avvierà la fotocamera dell'iPad e la foto scattata sarà il primo elemento all'interno della nostra nota.

L'icona "PHOTOS" permette la creazione della nota, allegando una o più foto dal rullino fotografico dell'iPad contestualmente alla creazione della nota stessa. L'icona della sveglia, "REMINDER", permette la creazione di una nota con associato un allarme che si attiverà nel giorno e ora da noi stabiliti.

L'ultima icona "LIST" permette la rapida creazione di una nota con check-box.

Purtroppo, le opzioni "CAMERA" e "PHOTOS" pur creando la nota non la aprono contestualmente e, se vogliamo integrarne il contenuto, dobbiamo andarla a ricercare tra le ultime note create.

Un'utile funzione per avere sempre a portata di mano le note che maggiormente utilizziamo è quella che permette di creare una lista di preferiti rapidamente accessibili dalla barra menù. Per esempio, settimanalmente possiamo avere la necessità di consultare la check-list della nostra verifica settimanale del nostro sistema GTD. Per accedere alla vista di tutte le note memorizzate è sufficiente selezionare dal menù "Note" mentre per visualizzare i taccuini e i tag è sufficiente selezionare le relative diciture nel menù.

Sarà sufficiente selezionare un taccuino per visualizzare tutte le note in esso contenute. Selezionando, invece, un tag possiamo visualizzare tutte le note a esso associate.

Per mezzo dell'etichetta, "Posti" possiamo vedere in quali luoghi abbiamo preso le note in precedenza memorizzate in Evernote.

Quando acquisiamo un documento per mezzo della fotocamera, Evernote elaborerà il contenuto delle immagini acquisite trasformandole, dove possibile, in contenuti ricercabili (solo con account premium).

Evernote sincronizza, automaticamente e periodicamente, tutte le nostre note con il loro server e i nostri dispositivi ma, se lo desideriamo, possiamo "forzare" questa sincronizzazione selezionando l'icona: ⟳.

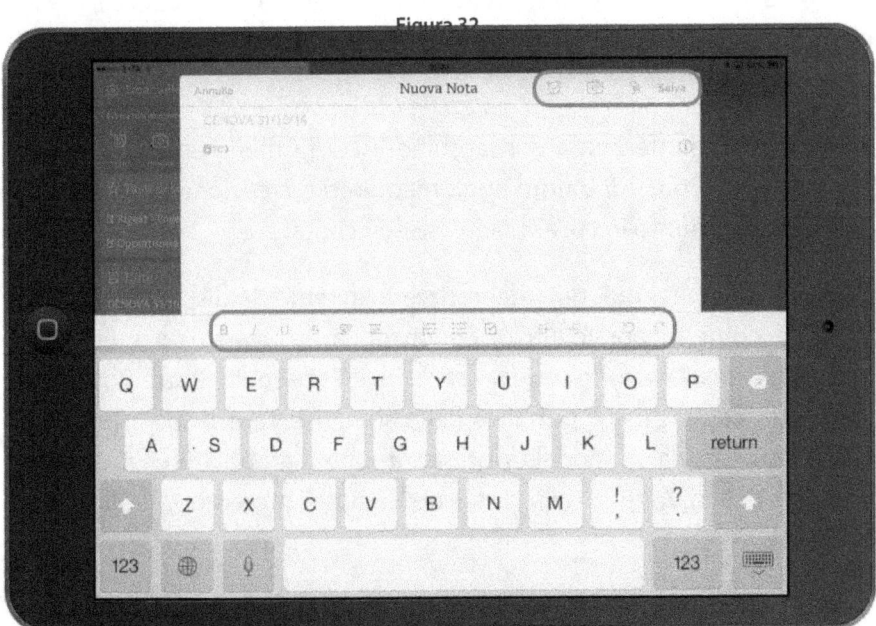

Figura 32

Quando creiamo una nuova nota, o ne modifichiamo una già esistente, ci troviamo difronte all'interfaccia riportata nella Figura 32 dove gli ovali evidenziano le icone che abbiamo a disposizione per agire sulla nota stessa. In alto a destra della finestra abbiamo a disposizione 3 icone che ci permettono di creare un allarme associato alla nota, inserire una foto scattata dalla fotocamera o inserire un'immagine dal rullino fotografico dell'iPad/iPhone o avviare la registrazione dell'audio dal microfono che sarà allegato alla nota stessa. Selezionando invece la dicitura "Salva" chiuderemo la nota memorizzandola.

Evernote assegna, automaticamente, un titolo alla nota in creazione e questo conterrà quanto riportato nell'agenda dell'iPad se abbiamo un appuntamento memorizzato nella fascia oraria in cui stiamo prendendo la nota o, come nel caso riportato nella Figura 32, la località geografica in cui stiamo prendendo la nota e la data. Sotto il titolo, Evernote riporta in automatico anche il taccuino in cui sarà memorizzata (quello di default) nel caso in figura è "TC", ma possiamo variarlo semplicemente selezionandolo. Nella barra subito sopra la tastiera virtuale, troviamo 13 icone che ci sono utili per la redazione della nota stessa permettendoci di variare il formato del carattere (es. da grassetto a corsivo, ecc.), creare elenchi numerati e puntati, *checkbox* o ripetere o annullare l'ultimo comando impartito.

Ogni nota è caratterizzata dal taccuino a cui fa riferimento, i suoi tag, eventuale URL, data di ultimo aggiornamento e creazione e mappa che rappresenta il punto in cui abbiamo preso la nota.

Se apriamo una nota già memorizzata avremo a disposizione altre funzioni, come la possibilità di condividerla attraverso un messaggio (imessage/sms/e-mail) o un *tweet*[1] o su Facebook. Potremo anche stamparla, copiare il link pubblico della nota, ricercare al suo interno del testo, visualizzarla in modalità presentazione (se abbiamo un account premium), aggiungerla alla lista delle note preferite, duplicarla o eliminarla.

Come si evince dalle figure, l'interfaccia di Evernote è molto chiara e "pulita" ed è facile prendere confidenza con le opzioni a disposizione.

Evernote è utilizzato, quotidianamente, da milioni di utenti e sono nate numerose *community* in tutto il mondo che collaborano per utilizzarlo come strumento di produttività individuale e di gruppo.

Anche nella versione gratuita lo consiglio vivamente come raccoglitore digitale per la metodologia GTD®.

Evernote può aiutarci nella vita privata come in ufficio. Per esempio,

---

[1] un *tweet* è un messaggio di testo inviato da un utente sul *social network* Twitter (massimo 140 caratteri).

quando acquisto un nuovo elettrodomestico, non ho più bisogno di ricordarmi dove ho messo il libretto d'istruzioni perché ricerco, sempre da iPad, il suo libretto in formato PDF sul sito del produttore e lo memorizzo con un semplice passaggio dentro Evernote. Aperto il PDF nel browser, non mi resta che selezionare "Apri con.." e scegliere Evernote per ritrovarmi una nota già pre-compilata con allegato il manuale.

Per fare un esempio, sul lavoro non fotocopio più gli scontrini delle note spese o la carta carburante ma, scatto delle semplici e veloci foto che allego alle varie note.

Questi sono alcuni esempi di come Evernote può aiutarci a ridurre a uno soltanto i contenitori digitali offrendoci la possibilità di accedervi da molti dispositivi e di cercarvi all'interno in modo veloce.

Nella sezione dedicata all'organizzazione, vedremo com'è possibile configurare Evernote per gestire il flusso GTD® nella sua interezza.

Analisi

Raccolta › **Analisi** › **Organizzazione** › **Esecuzione** › **Verifica**

Alla fase di raccolta segue quella di analisi in cui si esamina quanto raccolto e si decide cosa farne partendo sempre dal primo, gestendo sempre una cosa alla volta, senza saltare nessun elemento, sino ad arrivare a svuotare completamente il nostro contenitore. Questo processo di svuotamento dei contenitori dovremo farlo ogni mattina e ogni sera.

Questo procedimento dovremo applicarlo a tutti i contenitori, sia quelli fisici come, per esempio, una vaschetta porta documenti posta sulla nostra scrivania, la nostra borsa dove abitualmente raccogliamo brochure e altro, sia ai contenitori digitali come la mailbox o altre applicazioni in cui siamo soliti memorizzare informazioni (es. le note).

Nella fase di analisi, tornando all'esempio del contenitore=mailbox, la prima cosa da fare sulla prima mail è di domandarci cosa sia. Alcune volte l'oggetto c'è di aiuto altre volte siamo costretti ad aprirla e leggerne il contenuto.

L'obiettivo che dobbiamo porci è di tenere la mailbox vuota al pari degli altri contenitori. Questo non vuol dire aver fatto tutte le azioni che richiedono le mail ma, averle catalogate e inserite opportunamente nel nostro sistema GTD®. Per questo scopo è opportuno ordinare le mail, nella mailbox, dalla più vecchia alla più recente. Questo ci "costringerà" a mantenere la nostra Inbox vuota o con poche mail perché, in caso contrario, perderemmo di vista le più recenti che, con quest'ordinamento, si trovano alla fine della lista.

La seconda e fondamentale domanda che dobbiamo farci è se l'azione che dobbiamo compiere per quella mail è fattibile in questo momento o meno e, se è fattibile, se vogliamo o no farla adesso.

Se la risposta è **No,** abbiamo tre possibili gestioni della mail:

1. La **cancelliamo** (es. mail di spam)

2. La **rimandiamo** inserendola in una lista di cose che non dobbiamo necessariamente fare ma che potremmo decidere di fare un certo giorno, ovvero la lista "Prima o poi/forse". Per esempio, se riceviamo una newsletter con libri consigliati, probabilmente, nel momento in cui la riceviamo non ci interessa ma la settimana prima di partire per le vacanze ci farebbe piacere valutare dei libri da leggere in tutto riposo.

1. La **archiviamo**. In questo momento non vogliamo fare nessuna azione per quella mail, ma abbiamo la necessità di tenerla come materiale di riferimento. Quest'archiviazione possiamo farla in diversi modi, per esempio: creando una cartella nella nostra mailbox e in cui spostarla là per usi futuri o all'interno di Evernote, se desideriamo usare quest'applicazione come archivio.

Se la risposta è **Si,** l'azione richiesta possiamo compierla in questo momento e abbiamo due possibili strade:

1. Definire la prossima azione concreta che possiamo fare e:

    a. **Farla.** Se ci richiede meno di due minuti. Per esempio, se la mail ricevuta ci richiede un semplice inoltro, impiegheremmo più tempo a creare un promemoria per inoltrarla che a farlo subito.

    b. **Delegarla.** Tenendo traccia nella lista delle cose demandate (lista "In attesa/Waiting for".)

    c. **Rimandarla.** Se dobbiamo svolgere l'azione in un giorno e ora specifici la segneremo in agenda, oppure, se non è richiesto un giorno e ora specifici la inseriremo nella lista delle prossime azioni. Queste liste saranno organizzate, come già detto, per "contesto", dove per contesto possiamo intendere un luogo, uno strumento o un'azione. Potremo così avere la lista "Casa" per raggruppare le attività da fare in quel luogo, "Computer" per tutte le azioni per le quali è indispensabile questo strumento o "Chiamate" per raggruppare la lista di tutte le persone a cui dobbiamo telefonare.

2. Creare il "**Progetto**" relativo all'azione non atomica. Se l'azione che vogliamo realizzare è il trasloco di casa, questo non è un'unica azione atomica e concreta ma piuttosto il nome di un Progetto che conterrà al proprio interno l'insieme di azioni, divise per contesto, l'esecuzione delle quali porterà al completamento del progetto trasloco. Una volta deciso il nome del progetto è opportuno inserirlo nella lista "Progetti". In questo modo con un semplice sguardo alla lista progetti avremo sotto controllo l'insieme di tutte le nostre attività/priorità.

Nella fase di analisi organizziamo, quindi, tutti gli elementi che sono entrati nella nostra sfera di attenzione e che abbiamo in precedenza formalizzato e inserito nei nostri raccoglitori fisici o digitali (es. mailbox).

La metodologia GTD® di David Allen è indipendente dallo strumento/i utilizzati per applicarla, possiamo anche utilizzare unicamente una penna e un taccuino per gestire le liste di contesto e un'agenda cartacea per le attività da demandare a un giorno e/o ora specifica.

Il sempre crescente utilizzo della posta elettronica ci spinge nella direzione di una gestione della metodologia in formato digitale, dove strumenti come l'iPad diventano dei veri e propri strumenti di produttività in mobilità.

Nel capitolo "Inbox Zero" vedremo nuovamente l'applicazione della metodologia arricchita da ulteriori suggerimenti per avere una Inbox sempre vuota.

Vediamo ora come il nostro tablet può aiutarci anche nella fase di organizzazione.

Organizzazione

Dopo la fase di raccolta e analisi giunge la fase dell'organizzazione, rappresentata nella Figura 33 (rielaborazione del *master workflow* di David Allen):

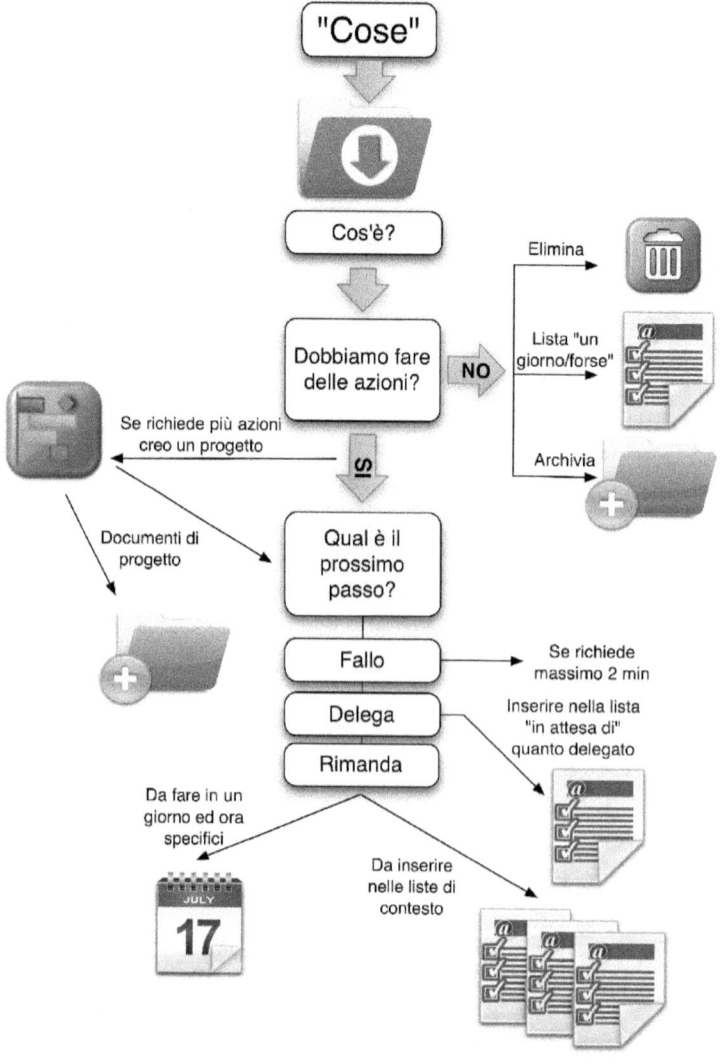

Figura 33 (rielaborazione del *master workflow* di David Allen)

Il diagramma di flusso riportato è applicabile a qualunque informazione possiamo ricevere. Il primo passo da eseguire è quello di identificare di cosa si tratta l'elemento ricevuto e, deciso che non vogliamo fare alcuna azione, non ci resta che cancellarlo/cestinarlo o metterlo in "incubazione" inserendolo nella lista "Prima o poi/forse" oppure archiviarlo per una consultazione futura.

Se vogliamo agire su quanto ricevuto, non ci resta che capire se è realizzabile con un singolo passo, una singola azione atomica, come l'invio di una mail, oppure se richiede più passi. In questo secondo caso creiamo il progetto relativo che conterrà i vari passi da fare e inseriamo il nome del progetto nella lista "Progetti". Identifichiamo la prossima azione concreta da compiere per raggiungere l'obiettivo o portarci di un passo in avanti se siamo in un contesto di progetto.

Se quest'azione richiede meno di due minuti, la facciamo subito, in caso contrario abbiamo solo due possibilità: rimandarla o delegarla. Nel caso della delega, ad esempio per e-mail, dobbiamo segnare sulla lista "In attesa" a chi l'abbiamo delegata e quando; nel caso l'abbiamo rimandata: la inseriamo nella nostra agenda in un giorno/ora specifica, oppure, se non richiede questo tipo di azione, la inseriamo nelle liste delle prossime azioni organizzate per contesto.

Ricordiamoci che le liste sono un insieme di promemoria senza un'organizzazione per priorità.

Secondo il proprio modo di lavorare e della propria attività, ognuno può creare le liste che ritiene più adatte e produttive.

Le liste che non dovrebbero mai mancare in un sistema GTD® sono:

- In attesa (Waiting for): lista delle attività demandate. Può rappresentare una valida organizzazione di questa lista il fare iniziare ogni riga con il cognome o nome della persona a cui è stata demandata facendola seguire dall'informazione della data in cui è stata delegata e, a seguire, dall'oggetto della delega.

- Prima o poi/forse (Somedays / Maybe) - in questa lista

inseriremo idee e progetti sui quali non siamo sicuri di volerci imbarcare davvero o almeno non nel momento in cui l'idea ci è passata per la mente. Allo stesso tempo, però, non desideriamo dimenticarci di queste idee perché potrebbe venire il giorno in cui potremo decidere di realizzarle. In questa lista possono finire progetti come: imparare una nuova lingua, riordinare il garage, imparare a giocare a golf o altro.

- E-mail – la lista delle e-mail che dobbiamo mandare. Come per la lista "In attesa", è opportuno organizzare ogni elemento con il cognome o nome della persona a cui vogliamo inviare la mail.

- Telefonate – la lista di telefonate che dobbiamo fare. E' la lista più consultata prima di partire per un viaggio in auto. Se dobbiamo guidare per lungo tempo e vogliamo rendere produttive queste ore, possiamo approfittarne per fare le telefonate di questa lista selezionandole tra quelle che non richiedono da parte nostra la necessità di prendere appunti.

Per catalogare le attività per contesto, e quindi creare le relative liste, ad esempio: "In attesa", "Lista Progetti, "Un giorno forse", "Telefonate", "Email" ecc.., possiamo utilizzare diverse applicazioni per iPad.

La maggior parte degli utenti professionali che utilizza l'iPad è anche un utente PC o Mac (indifferente se desktop o notebook).

Proprio l'integrazione della metodologia GTD® tra i due mondi, quello tablet e quello PC/Mac è la sfida più complessa ma anche quella che può concretamente portare più valore in termini di aumento di produttività e riduzione di stress.

A meno di non voler impazzire scannerizzando ogni foglio di carta che entra nella nostra sfera di attenzione, dalla posta ordinaria a documenti che ci giungono in formato cartaceo o le semplici ricevute da allegare alla nota spese, dobbiamo scendere a compromesso con noi stessi poiché, un unico sistema digitale per gestire la nostra produttività, non è possibile.

Se non abbiamo uno scanner e siamo decisi ad acquistarlo per trasformare in digitale i nostri documenti cartacei, consiglio vivamente, per un utilizzo personale, il Fujitsu Scansnap S1300I (Figura 34).

Figura 34

Il Fujitsu è uno scanner portatile con una buona velocità di scansione ed evolute funzioni che permettono di inserire automaticamente quanto acquisito dentro il nostro Evernote. Il suo costo è di circa € 300. Ha un corredo software con il quale possiamo anche acquisire i biglietti da visita trasformandoli automaticamente in contatti. Possiamo acquisire sino a 10 pagine in automatico. Date le dimensioni ridotte possiamo anche portarlo con noi (peso Kg 1,4).

In generale, la tendenza è sicuramente quella di eliminare, il più possibile, i supporti cartacei in favore della posta elettronica. Basti pensare che la quasi totalità delle *multi-utility*, servizi Internet, *pay tv* e banche offrono la possibilità ai propri clienti di ricevere tutta la corrispondenza unicamente per e-mail.

La corretta applicazione della metodologia GTD® alla gestione della nostra e-mail ci permette di raggiungere elevati livelli di produttività, anche se una parte del sistema dovremo gestirla su supporti cartacei.

E' meglio, quindi, per implementare la metodologia GTD®, preferire uno strumento software integrato con la posta elettronica dato che quest'ultima sta diventando il nostro principale strumento per comunicare.

Lato PC/Mac la scelta degli strumenti più adatti può dipendere da diversi fattori tra i quali: il sistema operativo che utilizziamo e il client di posta elettronica che abbiamo adottato o che, per esigenze aziendali, dobbiamo adottare.

Di seguito vedremo alcuni possibili scenari tutti caratterizzati dal prerequisito di essere integrabili con la posta elettronica per le motivazioni prima riportate.

Implementazione GTD® su MS Outlook e MS Exchange

Se utilizziamo Microsoft Outlook (sia su Mac OS che Microsoft Windows) possiamo utilizzare la funzionalità dell'attività (*task*) per inserire gli elementi delle liste. Per esempio, un elemento della lista "Waiting for" potrebbe essere così composto: "Rossi (07/06): in attesa conferma pranzo" dove, Rossi è il cognome della persona che ci deve confermare o meno l'appuntamento per il pranzo e, tra parentesi, la data in cui gli abbiamo inviato l'invito e le categorie di Outlook per il contesto.

Avremo quindi la categoria chiamata "In attesa" - o, se preferiamo, in inglese, "waiting for" - a cui apparterrà, per esempio, il *task* "Rossi (07/06): in attesa conferma pranzo".

Avremo una categoria "Progetti", e i *task* che avranno questa categoria assegnata saranno i nomi dei progetti che abbiamo attivi.

Personalizzando le viste a disposizione di Outlook potremo avere sotto controllo tutte le liste di contesto e i relativi *task*.

Se utilizziamo Microsoft Outlook sotto Windows, possiamo acquistare il plug-in ufficiale di David Allen sviluppato e commercializzato da Netcentrics Corporation (https://www.gtdoa.com). Questo plug-in ($ 74,95) aggiunge delle funzionalità ad Outlook rendendolo un sistema completo per il GTD® allineato alle migliori *best practice* della metodologia.

Nella Figura 35 sono evidenziate, nel riquadro, le nuove funzionalità aggiunte dal plug-in alla barra di Outlook (Delegate, Defer, Action, Someday, Snooze, File, GTD e Project Central).

Permette la creazione di progetti e sotto-progetti a cui associare poi i *task* relativi organizzati per contesto utilizzando una personalizzazione delle categorie di Outlook come @Waiting for, @Email, ecc..).

In termini di accesso alle liste di contesto, il plug-in predispone diverse viste possibili dei *task* come raggruppati per progetto/sotto-progetto o

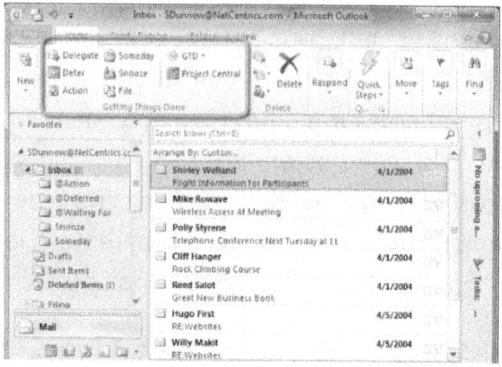

Figura 35

per contesto. Liste che possono essere lette rapidamente, più volte al giorno, al fine di avere sempre sotto controllo il nostro sistema per scegliere la miglior prossima azione da compiere e per portare un passo avanti uno dei progetti.

Quando inviamo una mail per richiedere un'informazione sarà il plug-in stesso ad aprire una finestra in cui richiede quale azione associare alla mail (es. @Waiting for) e a quale progetto fa riferimento.

In questo modo, contemporaneamente all'invio della mail, l'Outlook creerà il *task* associato riportando nel *task* stesso il corpo della mail e l'oggetto della richiesta.

 Se non vogliamo acquistare ed inserire in Microsoft Outlook il plug-in GTD®, possiamo acquistare dal sito di David Allen un documento che spiega passo passo come configurare Microsoft Outlook per l'utilizzo con GTD®.

Esiste una guida per le versioni Microsoft Outlook del 2003, 2007 e 2010 (tutte in lingua inglese).

Queste configurazioni di Microsoft Outlook non inseriscono funzionalità automatiche come il plug-in ma sono, sicuramente, un primo passo per adottare la metodologia direttamente nel client Microsoft di posta elettronica. Se la nostra e-mail si appoggia su un server Microsoft Exchange, una soluzione per integrare il nostro sistema implementato su pc con il plug-in per Outlook e l'iPad è **TaskTask HD**, (€ 4,49) (Figura 36):

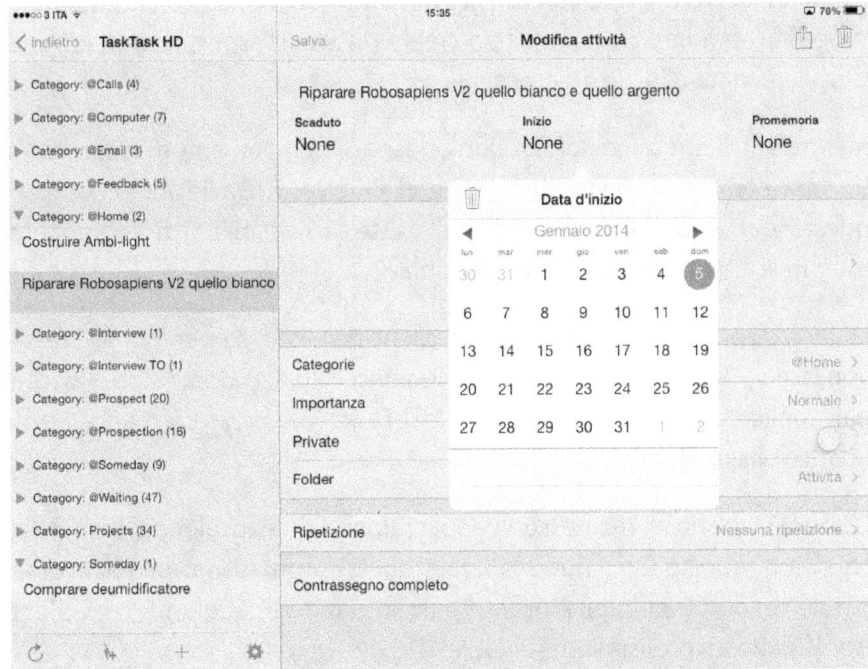

Figura 36

Con TaskTask HD avremo i nostri *task* e, quindi, le liste di azioni organizzate per contesto, sincronizzate tra il nostro client Microsoft Outlook e il nostro iPad, passando in modo invisibile per il server Microsoft Exchange. Esiste anche per iPhone una versione di TaskTask HD con nome identico ad eccezione del suffisso "HD" che identifica unicamente la versione per iPad.

Nella Figura 36 è riportata la schermata principale di TaskTask HD, il menù a sinistra dello schermo ci permette di selezionare il contesto/categoria a cui siamo interessati (nell'esempio è espansa la categoria "@Home" ovvero le attività che mi prefiggo di svolgere a casa). In particolare, il *task* evidenziato è quello di "Riparare Robosapiens V2" (nota: è un robot antropomorfo che voglio far tornare in vita) e il dettaglio del *task* è visibile nella parte centrale/destra dello schermo con le varie proprietà ad esso associate.

Per mezzo della barra menù, in fondo a sinistra dello schermo, possiamo ri-sincronizzare i *task*, creare un'attività in modo veloce che erediterà le proprietà standard delle attività o creare un'attività specificando le varie proprietà: data d'inizio, fine, ecc..

Mentre sul client Microsoft Outlook possiamo creare, automaticamente, un *task* con l'invio della mail grazie al plug-in di David Allen, su iPad questo non è possibile perché non esiste la possibilità di aggiungere plug-in al client di posta nativo di Apple.

Quindi, dopo l'invio di una mail dal client dell'iPad, se per la mail stessa vogliamo creare un *task* "@Waiting for", dobbiamo uscire dall'applicazione Mail e accedere a TaskTask HD e creare, a mano, il *task* relativo alla mail.

Questo è laborioso, ma nessuna applicazione per iPad, al momento della stesura di questo libro può realizzare quest'automatismo perché, come già detto, non è possibile inserire plug-in o moduli aggiuntivi nel client Apple di posta pre-installato sul tablet.

Possiamo ovviare a questo agendo sul client PC, cioè su Microsoft Outlook per Windows. Se in quest'ultimo inseriamo il codice ad hoc dentro una macro e definiamo una regola per la ricezione di un tipo  particolare di mail, possiamo demandare la creazione del *task* ad Outlook mandando la mail dall'iPad. L'idea di questa implementazione è frutto dell'articolo di Diego Zamboni sul suo blog.

Il sistema prevede di creare una macro dentro Microsoft Outlook stesso e una regola in ricezione della mail. La macro sarà in grado di interpretare dei codici inseriti all'interno della mail e creare in modo automatico il *task*. Così, se invieremo dall'iPad una mail composta come nella Figura 37, ponendo in calce alla stessa il codice "/wf", inserendoci sia come

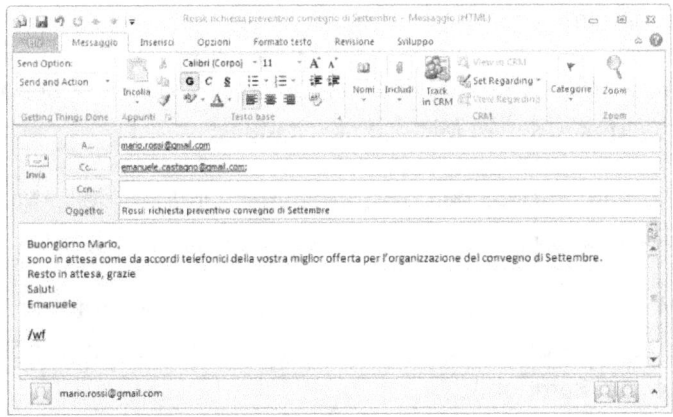

Figura 37

mittente che in copia conoscenza, quando apriremo il nostro client Outlook e riceveremo questa mail, si avvierà, in automatico, una regola che richiamerà la macro. Questa, trovando il codice "/wf", creerà un *task* di tipo "@Waiting for" inserendo, come descrizione, l'oggetto della mail e, come note, il corpo della mail stesso (Figura 38).

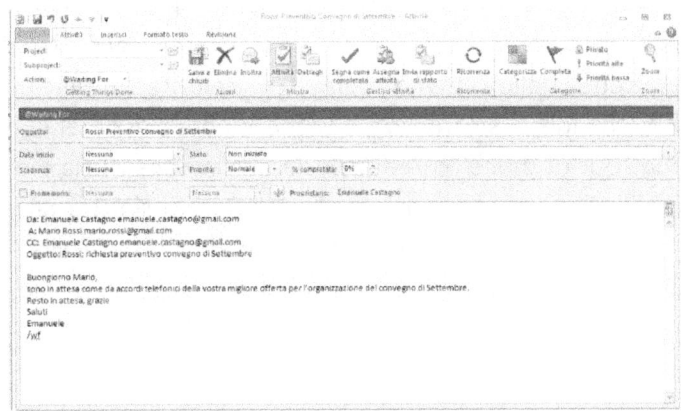

Figura 38

Una possibile implementazione di GTD® su Windows e iPad, come in precedenza descritto, prevede il seguente *framework*:

- Sistema Operativo: Microsoft Windows XP o Windows 7/8 o superiore.

- Microsoft Outlook (versione 2007 o 2010 o superiore) con mailbox su server Microsoft Exchange

- Plug-in ufficiale di David Allen per Outlook della Netcentrics Corporation

- Macro per Outlook sviluppata ad hoc per automatizzare la creazione di *task* su Outlook (codice e istruzioni disponibili sul blog di Zamboni)

- Applicazione per iPad TaskTask HD

Ovviamente, essendo Outlook a creare il *task* processando il contenuto della mail, il *task* sarà creato quando eseguiremo sul nostro PC l'Outlook stesso. Se utilizzeremo unicamente l'iPad per diversi giorni, il sistema non sarà aggiornato sino a quando non eseguiremo l'Outlook.

 Un'applicazione simile a TaskTask HD è **iMExchange 2** (gratuita per un numero limitato di sincronizzazioni poi a pagamento: € 5,99) che oltre alla  sincronizzazione delle attività permette, sempre tramite il server Microsoft Exchange, di sincronizzare anche le note e di poter configurare la funzione "out of office" come risposta automatica. Nella Figura 39 è rappresentato il menu principale nella colonna di sinistra attraverso il quale si può accedere alle attività (nell'esempio sono 307), alle note, alle attività scadute (Overdue) e alla configurazione dell'opzione "Out of Office".

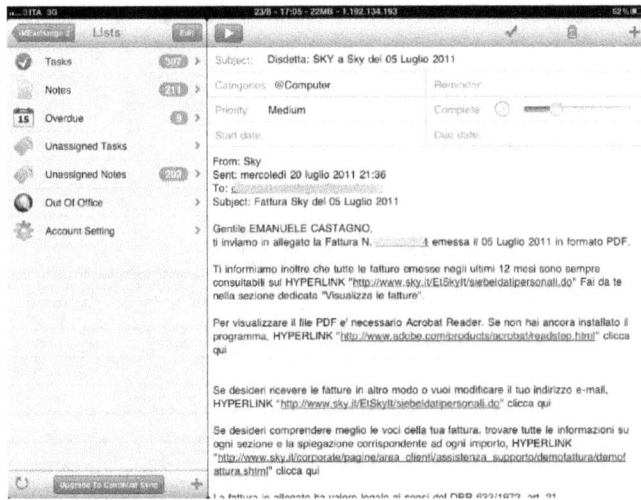

Figura 39

Nella colonna di destra è riportato il dettaglio dell'attività con tanto di contesto (nell'esempio @Computer), percentuale di completamento, ecc. Nelle note è riportato per intero la mail dalla quale è stata creata quest'attività, grazie al plug-in di David Allen.

Selezionando "Task", dal menù a sinistra, si accede alla vista per contesto, come riportato nella Figura 40; nella colonna di sinistra, sotto il contesto @Computer, scorrendo la lista, sono visibili tutti gli altri contesti. E' possibile ordinare i *task* anche per data d'inizio, scadenza, ecc.

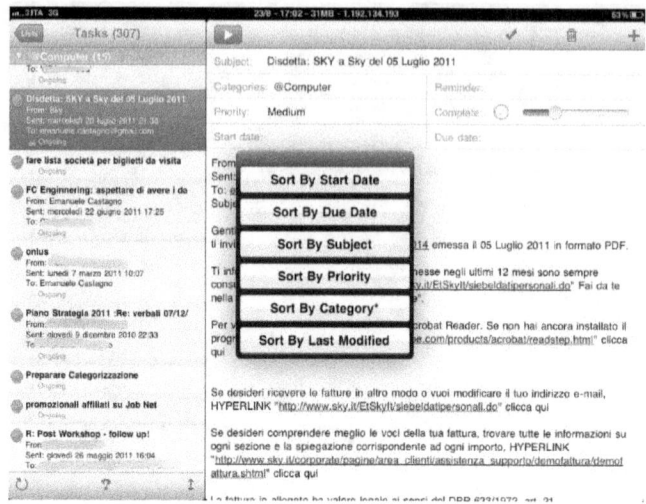

Figura 40

Rispetto a TaskTask HD, iMExchange 2, con un numero elevato di attività, si è dimostrato più lento nella sincronizzazione però, rispetto al primo, offre altre funzionalità di accesso al server Microsoft Exchange.

Mentre TaskTask HD riceve aggiornamenti continui, a fine 2015, l'ultimo aggiornamento di iMExchange 2 risale a giugno 2011.

Implementazione GTD® su Mac Os & iPad

Per il mondo Apple esistono numerose applicazioni che implementano con più o meno rigore la metodologia GTD®.

Seguendo lo stesso criterio, per la scelta, utilizzato per il mondo Windows - ovvero l'integrazione con il client di posta elettronica – emerge, tra le varie applicazioni OmniFocus 2; che compare, inoltre, nella lista dei software consigliati dallo stesso David Allen sul proprio sito per il mondo Mac, tanto da dedicargli una guida gratuita che può essere scaricata a questo indirizzo:

 **OmniFocus 2** è disponibile come applicazione sia per Mac Os (su Mac App Store (€ 39,99) sia per iPad (€ 29,99) e iPhone (€ 19,99).

Questo ci permette di avere la stessa applicazione, adattata come interfaccia al dispositivo di destinazione, facilitandone notevolmente l'utilizzo, indipendentemente dai tre dispositivi: iPad, iPhone e Mac OS.

Nella Figura 41 è visibile l'interfaccia utente della versione per Mac OS.

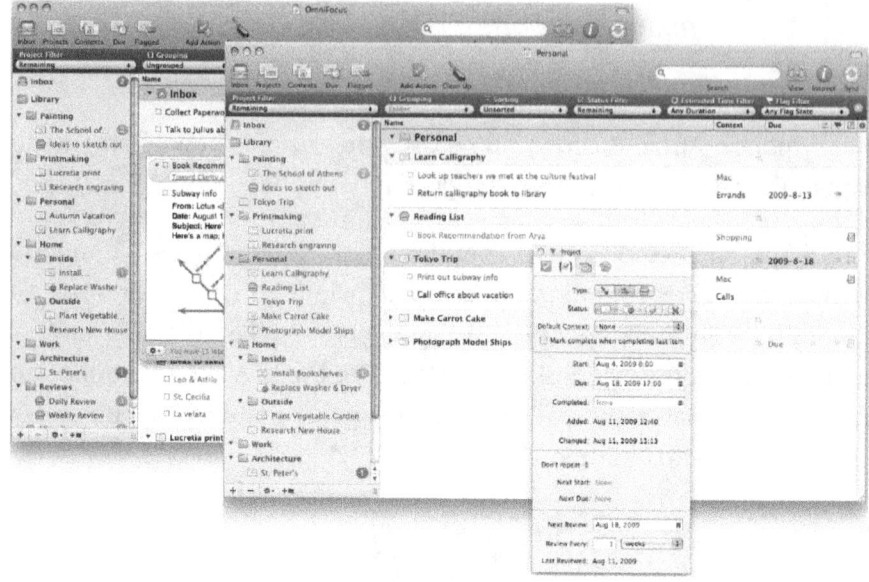

Figura 41

Oltre ad avere la stessa applicazione su più dispositivi, OmniFocus 2 ci offre diverse possibilità per sincronizzare i nostri dati in modo da avere le stesse informazioni, in tempo reale, su tutti i dispositivi. Nelle tre immagini seguenti è evidenziata la vista "Progetti" su tutti e tre i dispositivi, rispettivamente: nella Figura 42 per Mac OS; nella Figura 43 per iPhone e, nella Figura 44 per iPad (le immagini fanno riferimento alla versione Omnifocus e non Omnifocus 2).

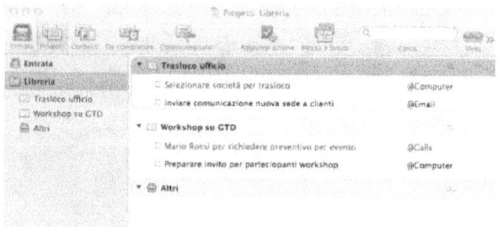

Figura 42

Figura 43

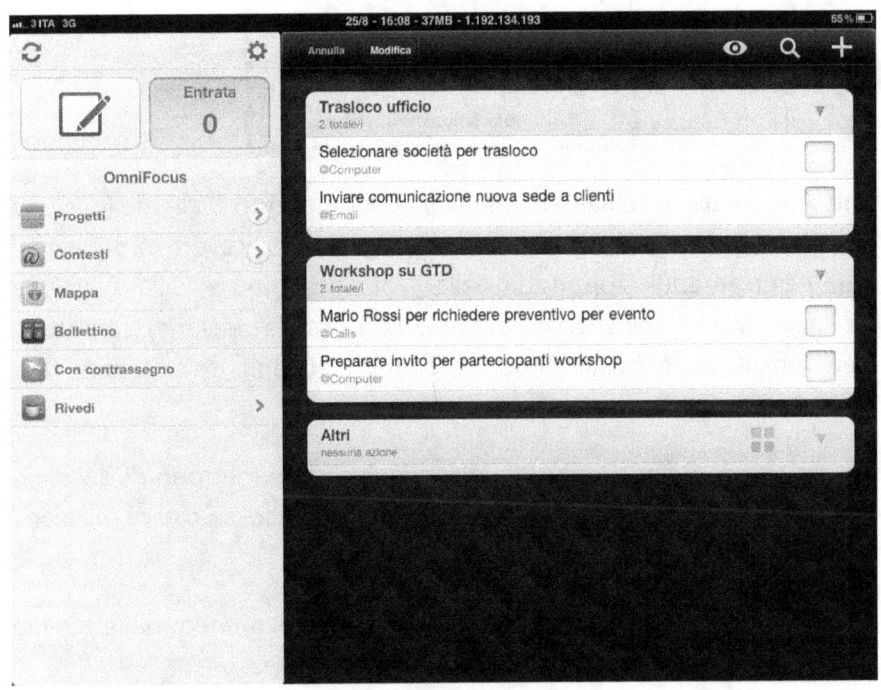

Figura 44

119

L'interfaccia grafica di OmniFocus offre all'utente lo schermo dell'iPad diviso in due colonne (Figura 44): la prima da sinistra, che occupa un terzo dello schermo, con il menù principale e quella di destra, più ampia, per la visualizzazione dei progetti, contesti, mappa, ecc.

Con l'icona ⟲ possiamo avviare la sincronizzazione del nostro OmniFocus con gli altri dispositivi. Con l'icona ✲ accediamo al seguente menù

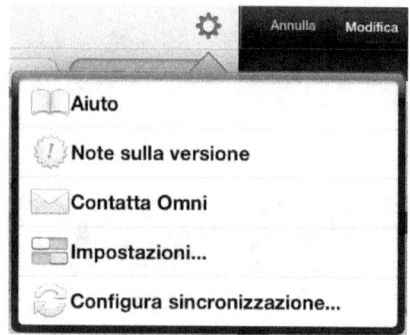

che ci permette di richiamare una sezione di supporto al cliente (opzione Aiuto) con video introduttivi, manuale on-line, ecc; ricevere informazioni sui cambiamenti apportati dalla software house alla versione dell'applicazione che stiamo utilizzando (Note sulla versione); contattare per e-mail la software house (Contatta Omni) e accedere alle impostazioni.

Le impostazioni che abbiamo a disposizione ci permettono di decidere che cosa deve rappresentare il simbolo numerico in rosso sull'icona dell'applicazione (badge);

potremo così decidere che rappresenti il numero delle attività in ritardo, urgenti o da noi contrassegnate.

Sempre attraverso il menù impostazioni possiamo decidere dopo quanto tempo un'attività deve essere contrassegnata come "Urgente" e la tipologia degli allarmi. Attraverso la sezione "Impostazioni" possiamo installare un componente in Safari che ci permette, da Safari stesso, di inviare i link di nostro interesse direttamente in OmniFocus.

Per mezzo dell'icona: possiamo creare una nuova azione per mezzo della finestra che si attiva.

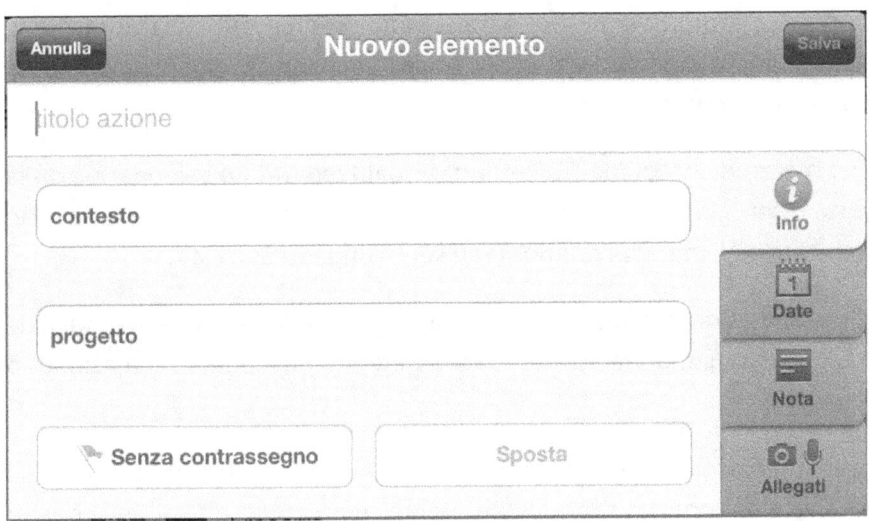

Potremo così inserire il contesto (es. @Home, @Office, ecc.), il progetto cui fa riferimento l'azione ed eventualmente contrassegnarla. Per mezzo delle altre etichette selezionabili: "Date", "Note" e "Allegati" possiamo inserire le informazioni d'inizio e scadenza attività, eventuale caratteristica di ripetitività dell'azione stessa, note di testo o allegati del tipo foto o audio.

Selezionando l'icona: accediamo alla "Inbox" ovvero all'area in cui riportiamo le informazioni/idee appena ci vengono in mente, senza ancora catalogarle.

Come per la Inbox della nostra e-mail è buona prassi svuotarla, periodicamente, durante la giornata, categorizzando gli elementi che vi sono entrati.

Ovviamente OmniFocus è completamente personalizzabile in termini di

Progetti e Contesti.

Sempre nella colonna di sinistra abbiamo a disposizione i comandi per visualizzare i nostri progetti e i contesti che abbiamo inserito. Potremo così, subito, visualizzare la lista dei nostri progetti e le azioni atomiche previste per portarli a termine. Potremo anche avere una vista per contesti: dato un contesto - per esempio @Home - visualizzare tutte le attività, indipendentemente dal Progetto cui sono legate, che abbiamo associato al contesto @Home.

Per mezzo dell'opzione "Bollettino" visualizzeremo un calendario con la vista "per giorno" che ci ricorda le attività in scadenza nel giorno corrente e gli impegni memorizzati sul calendario dell'iPad.

L'opzione "Con contrassegno" visualizza tutte le attività che, per qualche motivo, abbiamo deciso di contrassegnare in sede di creazione o modifica.

L'ultima opzione a disposizione, "Rivedi", ci aiuta nel processo di verifica del sistema, processo fondamentale per mantenere affidabile il nostro sistema GTD®.

OmniFocus, senza l'aggiunta di codice ad hoc, è in grado, in autonomia, di processare il contenuto di una mail e di creare il relativo *task*. Per avviare questo processo di analisi del contenuto della mail è sufficiente che l'oggetto della mail inizi con caratteri speciali come "- -". Con una sintassi più "invasiva" nella mail, rispetto ai codici per il mondo Windows "/wf", è possibile istruire OmniFocus alla creazione di *task* con parametri, quale il progetto di riferimento e altri, non disponibili nella precedente implementazione proposta per il mondo Microsoft Windows.

Per esempio: possiamo mandare una mail al Sig. Mario Rossi per richiedere un preventivo e creare il relativo *task* in OmniFocus anteponendo all'oggetto della mail indirizzata al Sig. Rossi i caratteri "- -" e inserendo in calce alla mail la riga seguente fatta iniziare, anche questa, con: "- -":

- - Rossi: Preventivo ricevimento > Progetto Workshop-GTD @ Waiting for

Verrà così creata, in automatico, un'attività chiamata "Rossi: Preventivo ricevimento", relativa al progetto "Progetto Workshop-GTD" nella lista di contesto @Waiting for.

A differenza della macro per Outlook, che si limita a creare il *task*, con OmniFocus possiamo anche creare appuntamenti sul calendario iCal.

Mentre la soluzione Microsoft Windows si appoggia a Microsoft Exchange per la sincronizzazione, OmniFocus offre diverse possibilità tra le quali anche un proprio server.

Se il nostro iPad e/o iPhone è dotato di GPS, possiamo sfruttare l'informazione sulla nostra posizione per svolgere le attività previste nel luogo in cui ci troviamo. Per fare ciò è necessario associare l'informazione della posizione al contesto di nostro interesse.

Se abbiamo definito un contesto relativo alla nostra abitazione (es. @Home) possiamo associare, come proprietà a questo contesto, le coordinate geografiche identificate dal nostro dispositivo o inserire l'indirizzo. Aggiunta questa informazione al contesto, sarà sufficiente selezionare l'opzione Mappa, dal menù principale, per vedere sulla cartina la nostra posizione e le attività relative al contesto in cui ci troviamo (es. @Home).

Creare task *per OmniFocus da Windows con MS Outlook*

OmniFocus è uno dei più diffusi programmi per implementare GTD® e tra le decine da me provati è, sicuramente, uno dei migliori se non il migliore. A livello professionale è molto diffuso l'utilizzo di server aziendali MS Exchange e MS Outlook in ambiente MS Windows ma, purtroppo, OmniFocus è disponibile unicamente per Mac OS.

Se pur "costretti" a utilizzare un ambiente MS Windows, possiamo utilizzare OmniFocus sul nostro iPad integrandolo con MS Outlook attraverso una macro scritta ad hoc su quest'ultimo.

Non esiste, infatti, al momento, possibilità di esportare le attività da MS Outlook (Windows) ad OmniFocus, però possiamo far creare al client Microsoft una mail che, inviata all'indirizzo "send-to-omnifocus@omnigroup.com" con all'interno la mail che desideriamo trasformare in un'attività, ci restituisce un'altra e-mail in grado di creare il *task* sull'iPad. Questo grazie al server di OmniFocus che riceve la mail.

Per fare questo, dobbiamo creare tra le directory dell'e-mail di MS Outlook una chiamata @Reference, dove sarà spostata la mail da cui partiremo per creare il *task* su OmniFocus del nostro iPad.

La macro che dobbiamo inserire in MS Outlook è stata creata da un utente del forum di OmniFocus[2]:

Completata da me con la definizione della funzione mancante GetCurrentItem ().

Il codice completo della macro è prelevabile a questo indirizzo[3]:

---

[2] http://forums.omnigroup.com/showthread.php?t=21941

[3] http://emanuele.castagno.editarea.com/macro-per-ms-

Per trasformare una mail in un *task*, dobbiamo inviarla, normalmente, spostarci nella cartella della posta inviata, evidenziarla come in Figura 45 e selezionare la macro in precedenza creata, nell'esempio chiamata "Progetto1.send_to_OF".

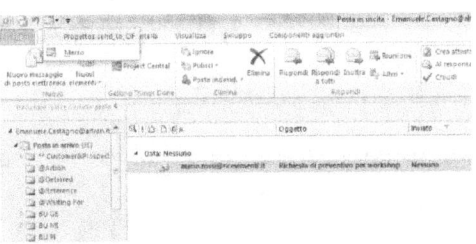

Figura 45

La macro richiederà all'utente di inserire l'azione che desidera creare ed eventuali note da aggiungere all'azione come in Figura 46 e Figura 47:

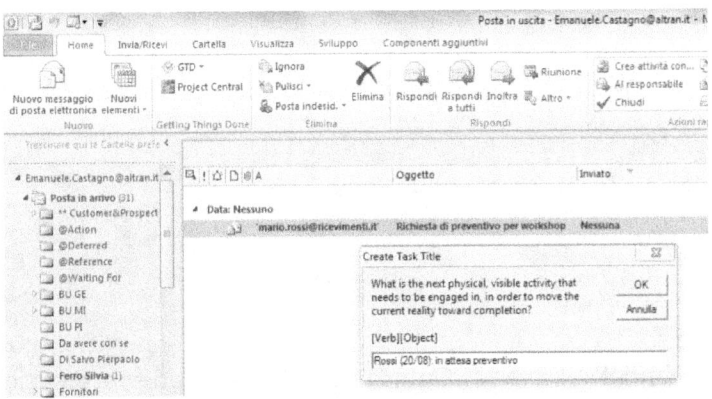

Figura 46

---

outlook_2503462.html?iwNow=1318353473124

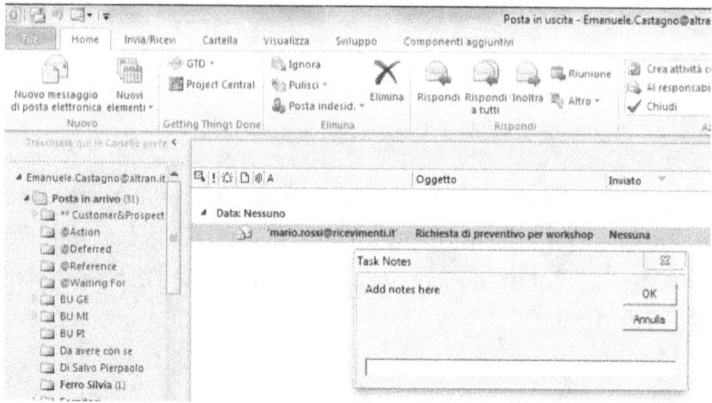

Figura 47

Verrà così creata automaticamente una mail composta come in Figura 48:

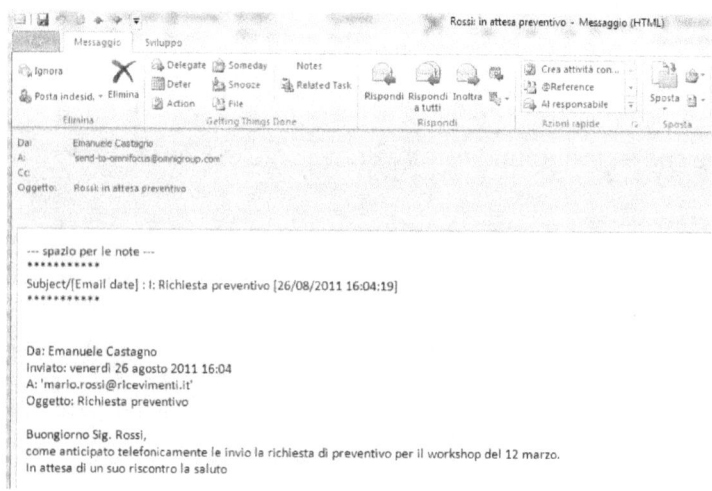

Figura 48

Il destinatario è il server di OmniFocus, che offre questo servizio e che elaborerà il contenuto della mail inviandoci una nuova mail con l'istruzione per il nostro iPad per creare l'attività relativa. Nella Figura 49 è riportata come appare la mail inviata dal server OmniFocus sul nostro iPad:

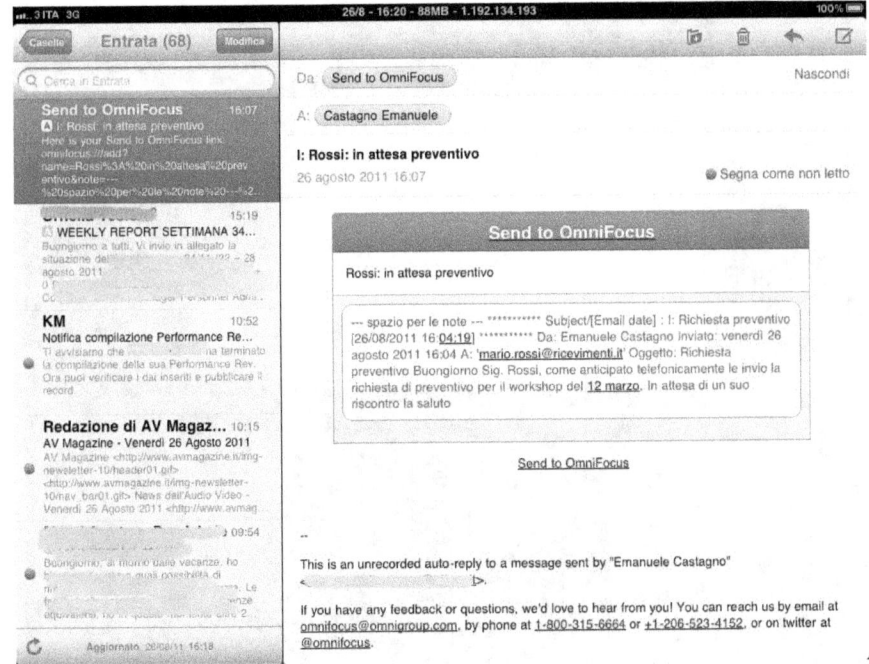

Figura 49

Selezionando dalla mail "Send to OmniFocus" si avvia, in automatico, l'applicazione OmniFocus sul nostro iPad aprendo la creazione automatica del *task* come in Figura 50:

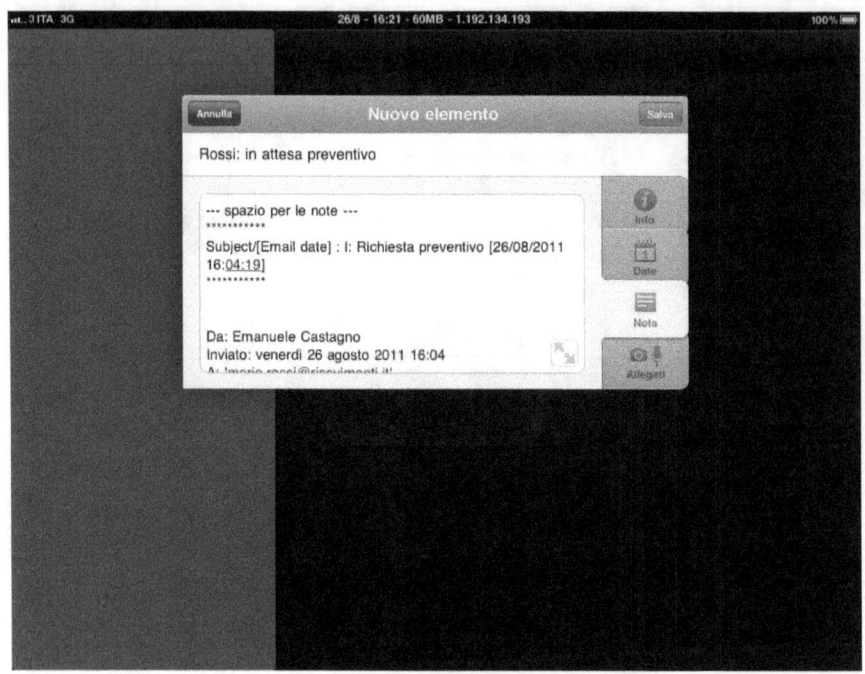

Figura 50

Nelle note del nuovo elemento ritroveremo sia le note inserite in precedenza che la mail completa. Selezionando le altre possibilità a destra (Info, Date, Allegati) è possibile completare i campi mancanti.

IMPLEMENTAZIONE GTD® CON EVERNOTE

Abbiamo apprezzato Evernote nella fase di raccolta della metodologia GTD® nella quale rappresenta un'ottima soluzione come "contenitore" principale per le informazioni in ingresso nella nostra sfera di attenzione.

Possiamo personalizzare Evernote per gestire il flusso completo della metodologia GTD®.

La disponibilità multi-piattaforma di Evernote (su Mac/PC, iPhone, iPad, Android, Web, ecc.) rende l'utilizzo di questo strumento molto interessante.

La personalizzazione/configurazione che descriverò di seguito è una delle possibili con Evernote. Diversi utenti Internet offrono attraverso i loro blog o semplici post nei forum le loro soluzioni di personalizzazione.

Evernote permette l'organizzazione delle note in esso contenute in contenitori chiamati "notebook" o "taccuini" nella traduzione in italiano. Possiamo utilizzare questi contenitori come raccoglitori d'informazioni/idee/elementi da processare in generale e come liste vere e proprie.

Per gestire le informazioni in ingresso alla nostra sfera di attenzione, possiamo creare un notebook chiamato "Inbox" nel quale fare confluire tutto quello che dovremo processare.

Dalle impostazioni di Evernote potremo configurare il taccuino "Inbox" come principale/di default.

Possiamo alimentare questo notebook in diversi modi: digitando dentro Evernote stesso una nota da inserire in questo folder o inviandoci una nota, una pagina web tramite l'indirizzo e-mail che ci mette a disposizione, gratuitamente, Evernote.

Il server Evernote è, infatti, in grado di processare le mail interpretando l'oggetto delle stesse, se opportunamente composto, e creare note in specifici notebook con specifici tag/etichette.

Per ottenere quest'utile automatismo dobbiamo comporre l'oggetto della mail in questo modo:

"Oggetto: Chiamare ditta di traslochi per confermare data @Calls #Trasloco"

Quando la nostra mail inviata al nostro indirizzo Evernote giungerà al server, Evernote creerà automaticamente nel nostro Notebook "Calls" la nota con l'oggetto "Chiamare ditta di traslochi per confermare data" a cui assocerà il tag/etichetta "Trasloco".

Come si evince dall'esempio, dobbiamo anteporre, al nome del taccuino in cui vogliamo far confluire la nota, il simbolo "@" e, per questo, non potremo usare il carattere "@" nel nome del taccuino (per es. @Calls ma solo Calls). Per associare alla nota un tag specifico dobbiamo anteporre a questo il simbolo "#".

All'interno del nostro account Evernote, i notebook e i tag a cui facciamo riferimento devono esistere già, non possiamo crearli con l'invio della e-mail.

Se facciamo coincidere i tag con i nomi dei nostri progetti, potremo creare i *task* per gli stessi con il semplice invio di e-mail organizzando le attività da fare per contesto (es. Calls) e mantenendole legate al progetto di riferimento con i tag.

I notebook/taccuini diventeranno così le nostre liste GTD®, e i tag diventeranno i nomi dei progetti le cui azioni atomiche sono organizzate nelle liste di contesto.

Creato il taccuino "Inbox" e i tag con i nomi dei nostri progetti, dobbiamo creare un taccuino per ogni lista che vogliamo utilizzare:

- Agendas

- Calls

- Computer

- E-mail

- Errands

- Home

- Office

- Waiting For

- Somedays/Maybe

- e così via.

Nella Figura 51 è rappresentato come appariranno i nostri taccuini/liste.

Nel taccuino "Agendas" possiamo creare una nota per ogni riunione che abbiamo in programma di fare. Ad esempio, io ho creato una nota con il nome del mio responsabile e, all'interno di questa, inserisco tutti gli argomenti che desidero affrontare con lui nel nostro prossimo incontro, sicuro, in questo modo, di non dimenticarmi di nulla e potendomi, quindi, concentrare, durante l'incontro, sul contenuto degli argomenti.

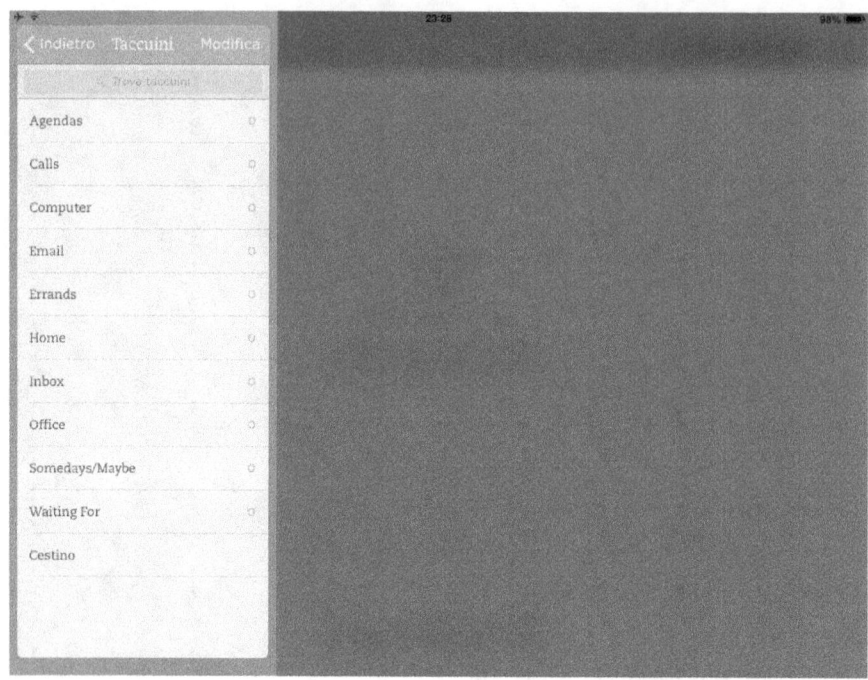

Figura 51

Il notebook "Agendas" conterrà così una nota per ogni riunione che dobbiamo sostenere con all'interno gli argomenti/ordini del giorno della riunione specifica.

Sfruttando l'indirizzo e-mail messo a disposizione da Evernote, possiamo creare i nostri *task* direttamente dal nostro client di posta elettronica sia da iPad stesso sia da desktop. Se abbiamo demandato un'attività a un collega e abbiamo la necessità di tracciarla nella lista "Waiting For" e associarla al progetto "Lancio_nuovo_prodotto", sarà sufficiente andare nella cartella della posta inviata e inoltrarci la mail mandata al collega con le attività da svolgere, modificandone l'oggetto secondo la sintassi in precedenza dettagliata. Altra soluzione, più veloce, consiste nell'inserire tra i destinatari nascosti della mail da inviare al collega (in BCC) la nostra mail di Evernote. Con questo sistema dovremo, però, aprire il nostro Evernote e aggiungere il tag specifico del progetto cui fa riferimento e inserirlo nel taccuino della lista corretta.

Nella Figura 52 un esempio di come appariranno i nostri tag/progetti.

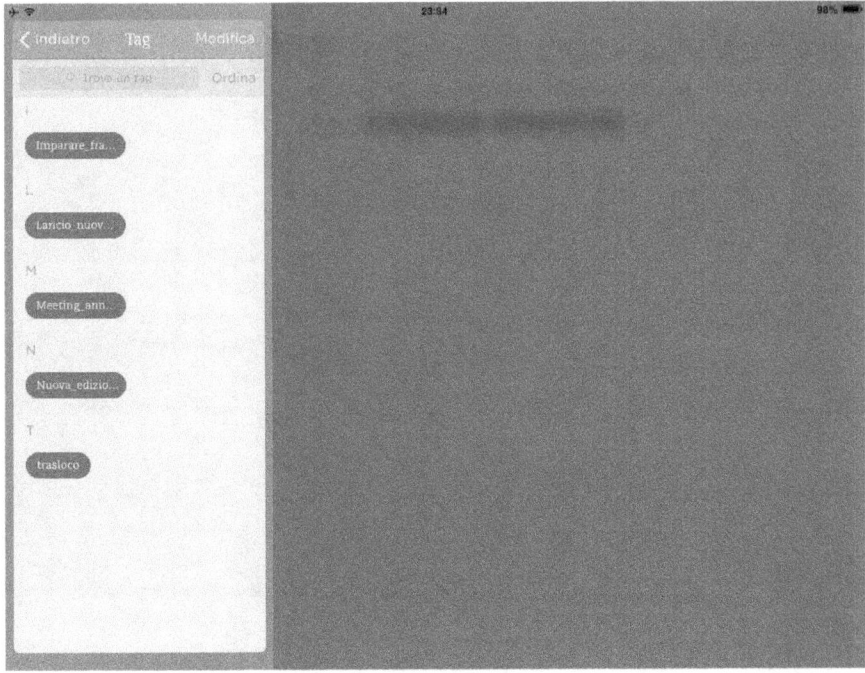

Figura 52

Nell'esempio il progetto "Lancio_nuovo_prodotto" contiene un'attività. Se selezioniamo questo tag/progetto, vedremo i *task* relativi a questo progetto (Figura 53) che nell'esempio è solo uno: "Pianificazione lancio nuovo prodotto (MS Project)". Se selezioniamo questo *task*/nota, lo visualizzeremo come in Figura 54 dove sono visibili le proprietà del *task*/nota che evidenziano la sua presenza nel taccuino/lista "Computer" e il progetto/tag di appartenenza.

Se dalla vista notebook/taccuini apriamo "Inbox", vedremo che conterrà effettivamente questo *task*/nota.

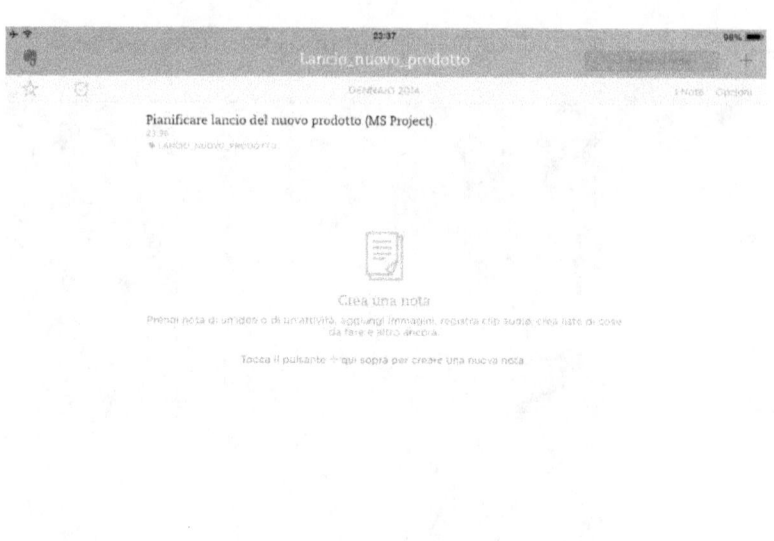

Figura 53

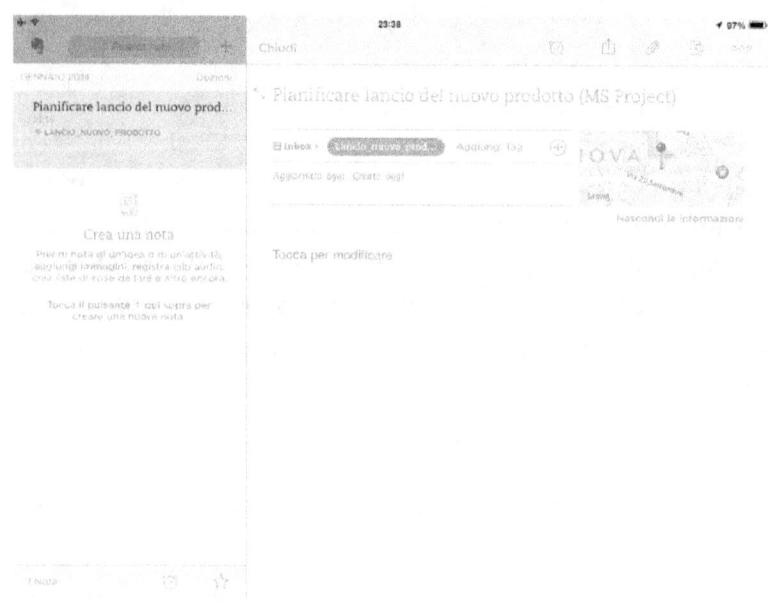

Figura 54

Evernote non è nato come gestore di attività, per cui, non ha funzionalità che ci permettono di attribuire a una nota lo stato "completata". Se la completiamo, e non abbiamo interesse a conservare l'attività racchiusa nella nota, possiamo semplicemente cancellarla, ma se per qualche motivo abbiamo interesse a conservarla possiamo creare il taccuino "Completate" e trascinare la nota con l'attività terminata in questo taccuino.

Può essere molto utile creare un taccuino "Check-list" con all'interno le check-list che abitualmente utilizziamo, una per nota. Possiamo creare una check-list per il contenuto della nostra valigia nel caso di una trasferta di una settimana, una check-list che ci aiuta nella revisione settimanale della nostra metodologia (*weekly review*), ecc..

Una lista che consiglio a tutti di creare è quella relativa agli obiettivi/aree di focalizzazione. Vedremo, nella sezione dedicata alla verifica del sistema, l'importanza di verificare che i nostri progetti e relative azioni atomiche concorrano a farci raggiungere gli obiettivi che possono essere: di breve termine come il lancio di un nuovo prodotto o, a medio termine, relativi alla nostra carriera o, a lungo termine.

Con un minimo di personalizzazione possiamo così gestire le liste di attività per contesto, i progetti, e avere una visione di dettaglio del *task* e d'insieme, ovvero: dato il progetto, quali sono i relativi *task* associati e dato il *task* organizzato per contesto a quale progetto appartiene.

Se siamo soliti generare *task* dalle nostre e-mail (delega di attività, richiesta d'informazioni, ecc.) dovremo giungere a dei compromessi se desideriamo utilizzare Evernote per implementare la metodologia di David Allen.

Dovremo, infatti, far giungere queste e-mail da cui dobbiamo creare i *task* al nostro indirizzo e-mail di Evernote. Questo possiamo farlo, contestualmente all'invio della mail al nostro destinatario, inserendo in copia nascosta (BCC) il nostro indirizzo e-mail Evernote ma, così facendo, non potremo inserire nell'oggetto della mail le informazioni che servono a Evernote per associare automaticamente al *task* la lista e il progetto cui appartiene. Ritengo poco professionale inviare una mail con strani codici come "@Compter #Lancio_nuovo_prodotto" al nostro destinatario.

Non potendo utilizzare quest'automatismo, contestualmente all'invio della mail, dovremo aprire il nostro Evernote e spostare, "a mano", la nota/*task* creata nel taccuino di riferimento (es. Computer) associandogli il tag/progetto corretto.

Se preferiamo rinunciare alla creazione del *task* contestualmente con l'invio, dobbiamo semplicemente omettere in BCC il nostro indirizzo e-mail di Evernote e, invece, accedere alla cartella del nostro client di posta delle e-mail, inviare e inoltrarci quella dalla quale vogliamo generare il *task* al nostro indirizzo Evernote, inserendo, nell'oggetto, i caratteri di controllo che ci permettono di sfruttare l'automatismo del server Evernote per creare il nostro *task* associato alla lista e al progetto.

SMARTTM

Sono quasi dieci anni che ho adottato la metodologia di David Allen per gestire tutti i miei progetti, quelli personali e quelli professionali. Nella mia continua ricerca di perfezionamento della metodologia, o meglio, della declinazione della metodologia nel mio contesto personale e professionale, ho letto centinaia di articoli su blog e forum in tutte le lingue.

Posso affermare quasi con certezza che tutti i fan GTD® sono alla continua ricerca degli strumenti informatici più adatti per implementare la metodologia e la loro ricerca diventa sempre più complessa, da quando l'adozione della stessa vuole essere *multi-device*. Con il progredire della tecnologia e le nuove forme di *device* "indossabili", come i Google Glass e gli *smartwatch*, questa ricerca continuerà senza sosta.

Dal mio punto di vista, la parola "chiave" di questa ricerca deve essere "integrazione". Ritengo una perdita di produttività mandare una mail per richiedere delle informazioni, chiudere il client di posta elettronica, aprire un'applicazione "GTD" e ricopiare la mail mandata in una lista "Waiting For".

Per innalzare il nostro livello di produttività a un livello superiore dobbiamo avere un unico ambiente integrato che ci permetta di mandare e-mail e trasformare le stesse in eventuali *task* organizzati per contesto e progetto. Allo stesso tempo, però, questo strumento deve essere *multi-device*, in modo da poterne disporre su desktop (e questo è già disponibile) e su *device* mobili, come il nostro iPad o l'iPhone, e perché no, in futuro su i dispositivi indossabili.

 Proprio questo desiderio d'integrazione ha spinto un team di fan del GTD® a creare **SmartTM**. SmartTM (STM) è disponibile gratuitamente e permette l'accesso a tutte le  funzionalità per un mese. Passato questo periodo, per avere accesso alle

funzionalità premium è necessario un abbonamento che varia dai € 0,89 per un mese a € 9,99 per un anno (disponibile anche abbonamento trimestrale e semestrale rispettivamente a € 2,69 e € 4,49). A differenza di numerosi *task* manager ispirati a GTD®, SmartTM offre un'ottima integrazione con Evernote che, di fatto, rappresenta la base dati/la Inbox da cui attinge le informazioni, per poi organizzarle secondo la metodologia di Allen. Possiamo utilizzare Evernote come nostro principale strumento di raccolta informazioni, idee, attività da fare, nuovi progetti, ecc. e far confluire tutti, o alcuni di questi elementi, all'interno di SmartTM che provvederà ad offrirci un'ambiente GTD® "*oriented*". Una panoramica del flusso gestito da SmartTM ci è offerta dalla Figura 55, disponibile sul blog di uno degli autori dell'applicazione, Marek Kulesza. Il flusso riporta il *master workflow* del GTD® con la relativa mappatura su STM.

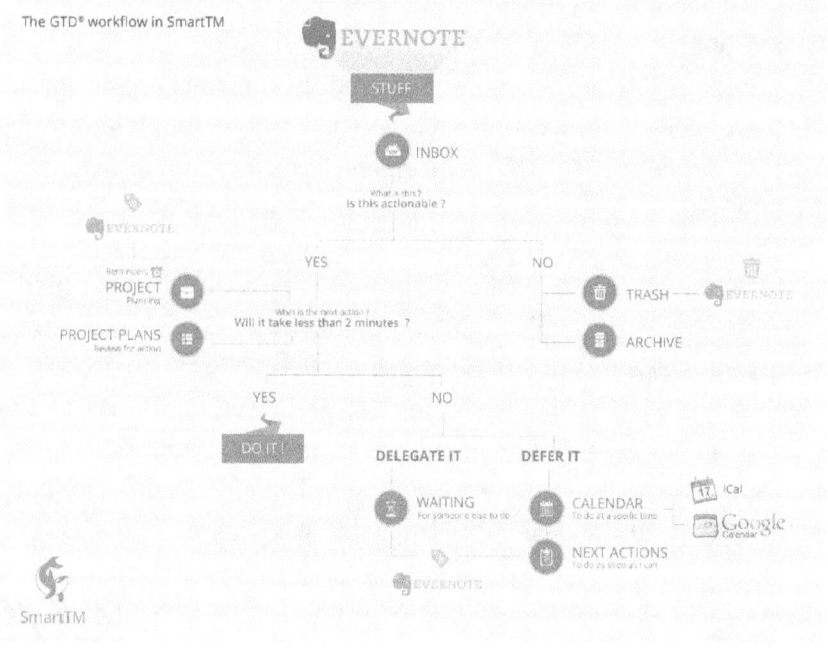

Figura 55

All'apertura di STM, per mezzo di una chiara e piacevole interfaccia grafica, dovremo configurare il nostro account Evernote o meglio, autorizzare l'applicazione a poter accedere al nostro Evernote (Figura 56).

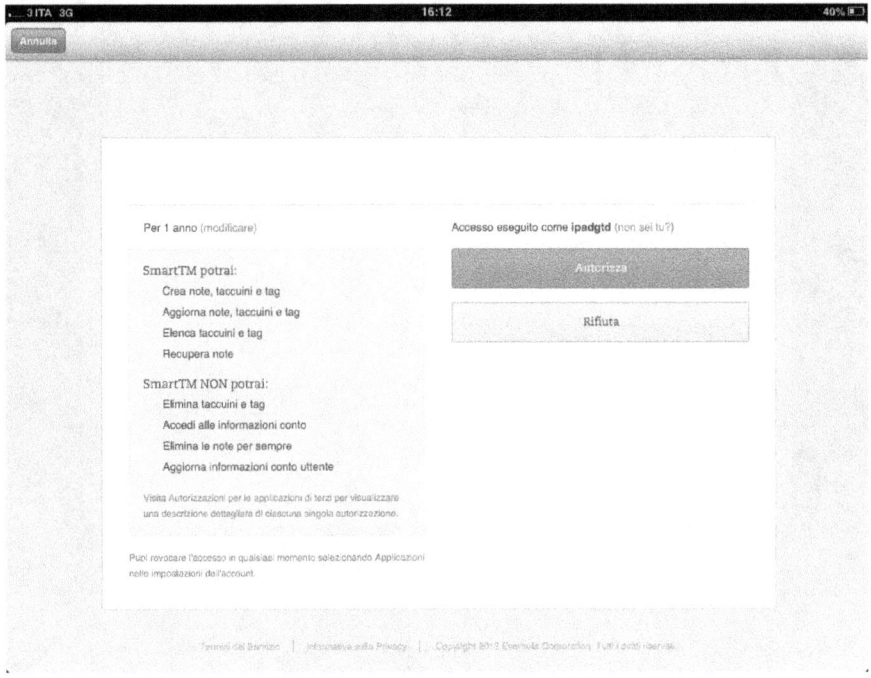

Figura 56

Evernote rappresenterà la nostra "Inbox" per STM. Poi dovremo istruire l'applicazione, attraverso il *wizard*, che avremo a disposizione al primo avvio dell'applicazione o sempre accessibile da "*settings*", come gestire i taccuini e i tag; se vogliamo che siano importati tutti, o solo i taccuini che selezioneremo, o solo i tag da noi scelti (Figura 57). STM ci permette di creare le liste di contesto (es. @Computer, @Home ecc.) dai nostri tag importati da Evernote. Lo stesso per i progetti. Ovviamente questo funziona se, in Evernote, siamo soliti identificare con i tag sia i progetti sia le liste di contesto. Sempre dal menu "*settings*", possiamo accedere a un valido tutorial che con una dozzina di schermate, semplici e chiare, ci introduce all'utilizzo di STM.

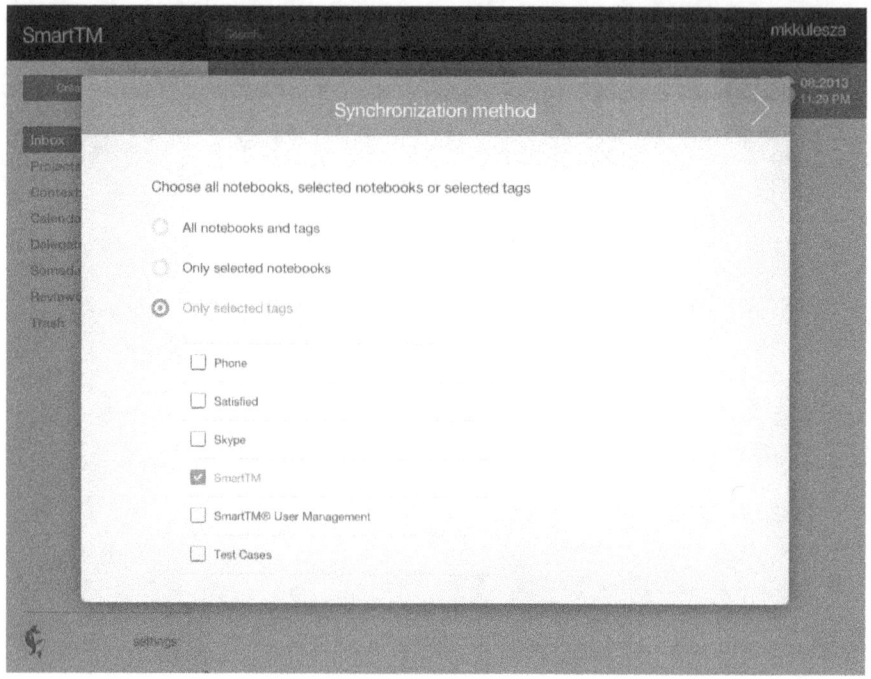

Figura 57

Dal menu "*settings*" possiamo, se non l'abbiamo fatto al primo avvio dell'applicazione, autorizzare STM ad accedere al nostro account di Evernote, al nostro calendario di Google o del nostro iPad. Possiamo anche sottoscrivere l'abbonamento premium.

Nella Figura 58 è visibile la schermata principale di STM caratterizzata da una colonna di sinistra che evidenzia quanti elementi abbiamo in Inbox e, quindi, ancora da processare, quanti Progetti attivi, quante azioni organizzate per contesto abbiamo, quanti elementi nel calendario e quanti delegati.

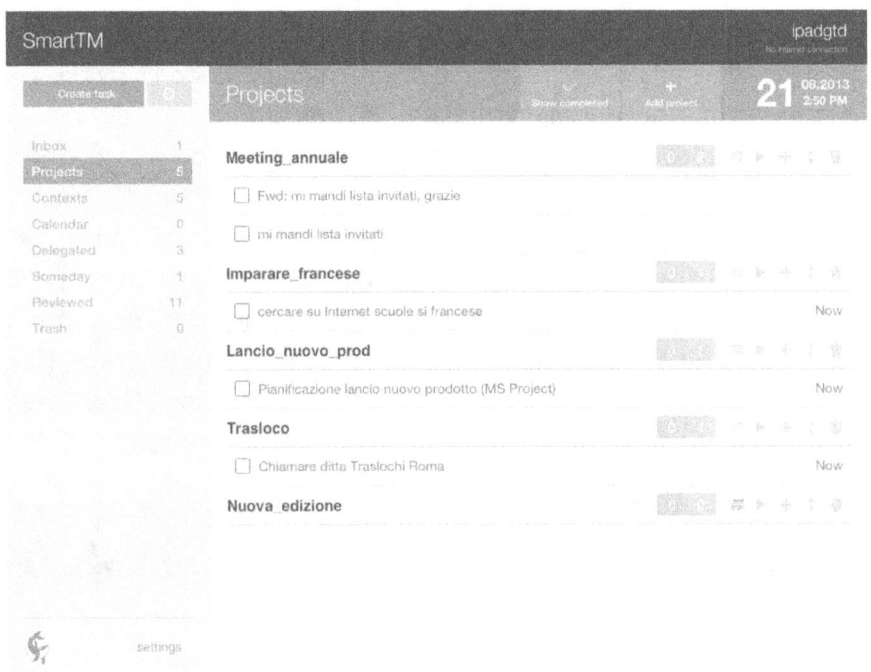

Figura 58

Gli autori di STM hanno voluto dare maggior importanza e velocità di accesso alle liste di contesto "Waiting for", che hanno chiamato "*Delegated*" e a "*Someday*", mettendole subito in rilievo nella colonna di sinistra. Dobbiamo ricordarci di non crearle nella sezione "*Contexts*" per non avere dei duplicati. Per accedere alle altre liste di contesto è sufficiente selezionare l'opzione "*Contexts*". Nella Figura 58 è visibile la selezione "*Projects*" e nella colonna di destra, quella più ampia, troviamo la lista dei progetti con alcune informazioni a fianco di ogni progetto, con delle icone veramente piccole che ci indicano se ci sono dei documenti/note allegate al progetto come documentazione di progetto. Nell'esempio questa documentazione è disponibile nell'ultimo progetto della lista, "Nuova_edizione" dove, a fianco del progetto c'è un'icona raffigurante dei libri in blu. Sotto ogni progetto sono raggruppati i *task* relativi allo stesso. Proseguendo la panoramica delle opzioni, della colonna di sinistra, troviamo sotto "*Contexts*", "*Calendar*".

Quest'opzione rappresenta una libera interpretazione della metodologia di David Allen. Infatti, secondo il GTD®, il "Calendar", cioè l'agenda, è il luogo sacro dove memorizzare le attività che dobbiamo categoricamente fare a un giorno/ora specifica o, in ogni caso, entro quella giornata. Secondo l'interpretazione di STM, la funzione "Calendar" distribuisce su i giorni le attività da fare creando una specie di "to do list" giornaliera. Questo è possibile perché STM permette di associare, a ogni *task*, diverse proprietà (Figura 59) e, oltre a quelle classiche come il progetto di appartenenza e il contesto, anche proprietà di tipo temporale, ovvero quando deve essere fatta l'attività (Now, Next, Later, Scheduled).

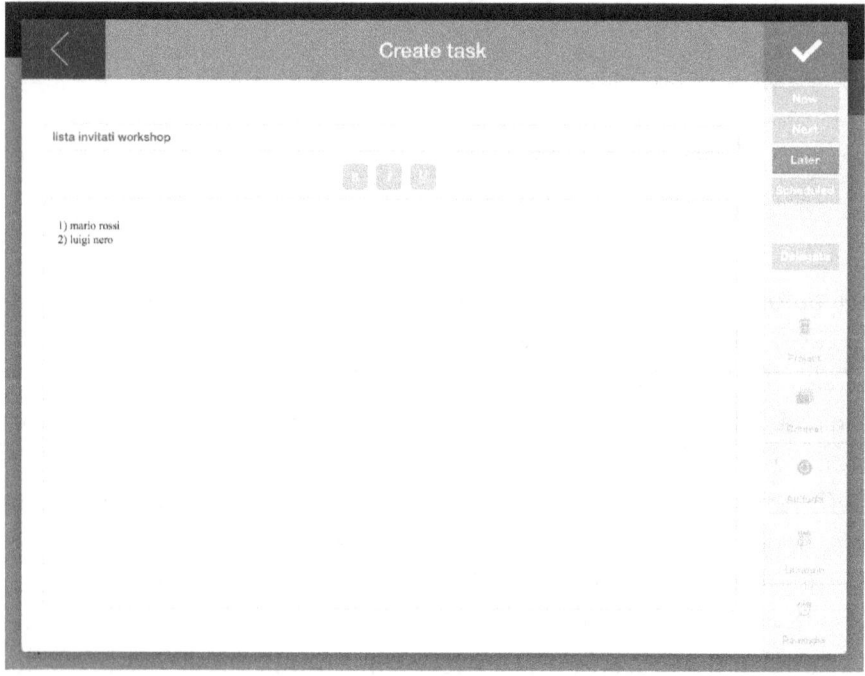

Figura 59

Possiamo anche inserire l'informazione di quanto tempo stimiamo ci occorra per svolgere il *task* in termini di giorni, ore e minuti e regolare un allarme (Remainder) che ci ricordi che in quel dato giorno e ora dobbiamo svolgere quel *task*.

Nella Figura 60, è riportata la vista "Calendar" dei nostri *task* con diverse opzioni di vista (Start date, End Date, ecc.). Purtroppo, non troveremo tra questi gli appuntamenti fissati sul nostro calendario iPad.

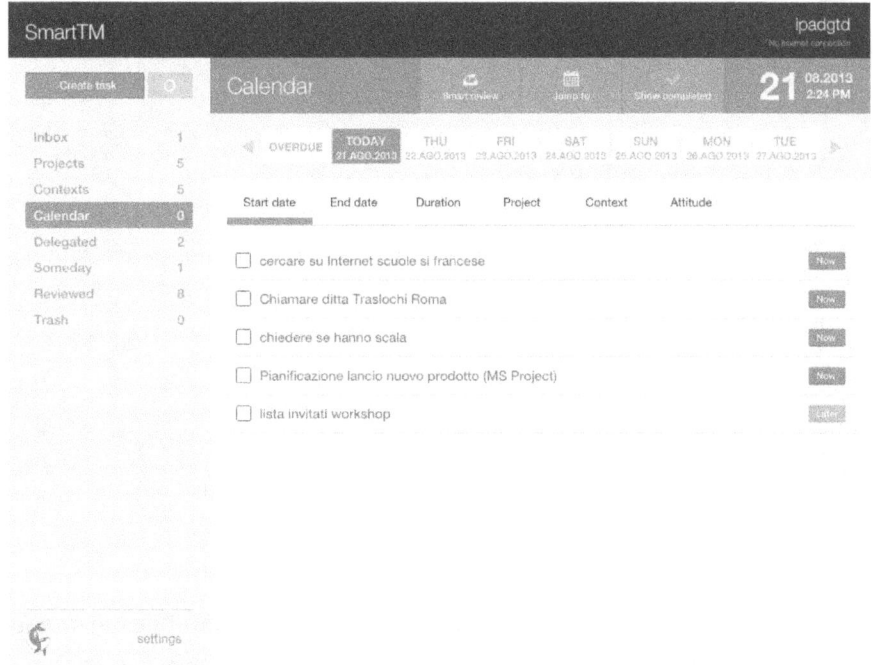

Figura 60

La penultima opzione, *"Reviewed"*, raccoglie i *task* che abbiamo segnato come "rivisti".

Per meglio comprendere le funzionalità di STM, seguiamo una parte del flusso GTD® processando il contenuto dell'Inbox. La nostra Inbox potrà contenere note create all'interno di STM o importate dal nostro Evernote. In questo caso dobbiamo ricordarci che la prima riga, in evidenza nella Inbox, sarà il titolo che abbiamo messo alla nota in Evernote. Nell'esempio riportato nella Figura 61, STM ci guida nel processare il contenuto della nostra Inbox attraverso la funzione "Smart processing".

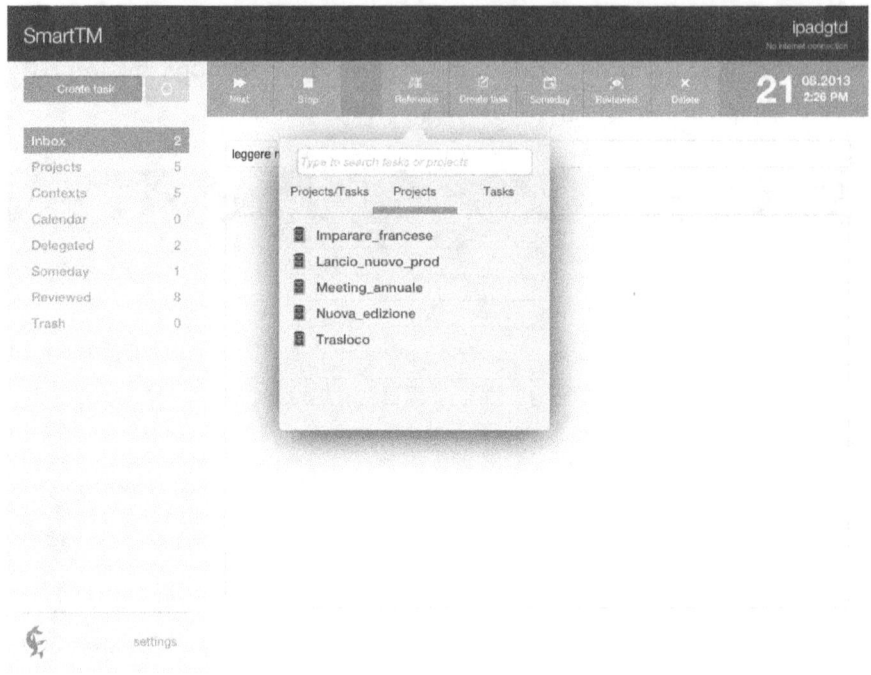

Figura 61

Questa funzione, una volta selezionata, ci rende disponibile un menù orizzontale che ci permette di spostarci da una nota alla successiva per:

- trasformarla in documentazione di progetto (Reference);

- creare un *task* dalla nota stessa (Create Task);

- trasformare la nota in un *task* nella lista *Someday*;

- segnare la nota come già processata/rivista (*Reviewed*);

- cancellare la nota stessa.

Se decidiamo di trasformarla in documentazione di progetto si attiverà il menù contestuale nel quale c'è chiesto a quale progetto o *task* associare questa documentazione. Se, invece, decidiamo di trasformare la nota in un *task* potremo scegliere tra le opzioni della prima immagine della

Galleria 8.5, decidendo se vogliamo eseguire questo *task* adesso (*Now*), come prossimo *task* (*Next*) o in futuro (*Later*). Possiamo decidere anche di fissare un giorno e ora specifici in cui occuparci del *task* (*Scheduled*). Possiamo assegnarlo ad un'altra persona con la funzione "*Delegate*", associarlo a un progetto già esistente o crearne contestualmente uno nuovo (Project), specificare a quale lista di contesto appartiene (*Context*) e aggiungere proprietà/opinioni personali (*Attitude*)

Possiamo, altresì, specificare quanto tempo ipotizziamo ci occorrerà per portarlo a termine (*Duration*) e fissare un avviso che ci ricordi di occuparci di quello specifico *task* (*Reminder*).

Con questa procedura guidata del flusso riusciamo, velocemente, a svuotare la nostra Inbox di STM catalogando tutte le attività che vogliamo svolgere.

Dalla sezione "*Calendar*" possiamo accedere all'opzione "*Smart review*" che ci permette di rivedere uno per uno i nostri *task* con le relative proprietà e decidere nuove azioni sugli stessi.

A fine ottobre 2013 è stata pubblicata la versione di STM anche per iPhone.

In termini di funzionalità, nelle prossime versioni, sarà fatta evolvere l'opzione "*Delegate*" e STM metterà a disposizione dei suoi utenti anche funzionalità di collaborazione tra il team di un progetto. Sarà anche possibile la creazione automatica di *task* tramite l'invio di posta elettronica e la delega di *task* a membri del team, sempre per e-mail.

Se STM raggiungerà una valida integrazione con la posta elettronica, potrebbe diventare lo strumento assolutamente da valutare per utilizzare il nostro iPad nell'applicazione quotidiana del GTD®.

Nel 2013 STM si è aggiudicato il primo premio nella competizione organizzata da Evernote: Evernote DEVCUP nella categoria "Best Evernote Business Integration".

Alcuni utenti, nelle recensioni dell'applicazione, lamentano il fatto che STM non sia intuitiva ma mi trovo in disaccordo con quest'affermazione. L'applicazione va utilizzata per imparare a padroneggiarla e può trarne vantaggio solo chi ha già "interiorizzato" la metodologia GTD® o almeno conosce il flusso su cui si basa.

GTD® & IPAD NEL WEB

Negli ultimi anni sono nate diverse applicazioni *web based* che permettono la gestione delle attività on-line, direttamente, dal web browser.

Alcune di queste, come Remember The Milk (RTM) e Toodledo, hanno messo a disposizione dei loro utenti anche applicazioni per iPhone e iPad per accedere alle proprie attività in mobilità.

RTM e Toodledo nascono per essere dei gestori di attività, senza una specializzazione verso il GTD® ma, con pochi e semplici passi, possono essere entrambi configurati per lo scopo.

Entrambi i servizi offrono le principali funzionalità gratuitamente (Toodledo offre l'accesso gratuito al suo portale web, mentre l'applicazione per iPad costa € 3,99). Per aggiungere funzionalità è necessario sottoscrivere un abbonamento.

Nel caso di RTM, l'abbonamento annuale costa $25. Per Toodledo, le opzioni di abbonamento sono due: la Pro e la Pro Plus rispettivamente per $14.95 e $29.95.

Mentre per Toodledo è possibile un pieno utilizzo dell'applicazione, già dalla versione gratuita - tranne alcune funzionalità come: poter allegare documenti alle attività, creare delle sotto attività, accesso a statistiche e schedulatore - per RTM diventa obbligatorio l'abbonamento. Questo perché, tra le funzionalità non attive, nella versione gratuita, c'è la possibilità di realizzare una sincronizzazione dei dati tra i vari dispositivi solo ogni 24 ore. Questo, dal mio punto di vista, la rende utilizzabile solo con l'abbonamento.

Remember The Milk

 **Remember The Milk** (RTM) è stato creato da una piccola azienda australiana ma si è diffuso tra gli internauti con ritmi molto veloci. Per avere un'indicazione empirica  del suo livello di diffusione basta fare una ricerca su Google per trovare più di quattro milioni di siti che lo nominano.

L'applicazione per iPad è disponibile gratuitamente su App Store.

Nella Figura 62 è rappresentata l'interfaccia di RTM acceduta dal web browser.

Il primo e l'ultimo segnalibro (Inbox e Inviata) non sono modificabili mentre gli altri sono stati creati ad hoc per permettere l'implementazione della metodologia (es. @Computer, @Email, ecc.). Purtroppo in RTM non è contemplato il concetto di Progetto inteso come una sommatoria di azioni atomiche, identificate per contesto, necessarie per portare a compimento il progetto stesso. Per ovviare a questo è possibile utilizzare la sua funzione "Etichette" creandone una per ogni progetto e assegnandola come proprietà dell'attività.

Figura 62

In questo modo potremo avere la vista per liste, cioè tutte le attività raggruppate per liste di contesto (come nella Figura 62), o la vista per progetti/etichette: tutte le azioni riguardanti il progetto specifico. Nelle figure seguenti è riportata l'interfaccia dell'applicazione per iPhone (Figura 63 e Figura 64).

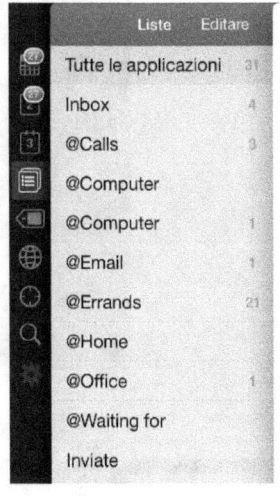

Figura 63

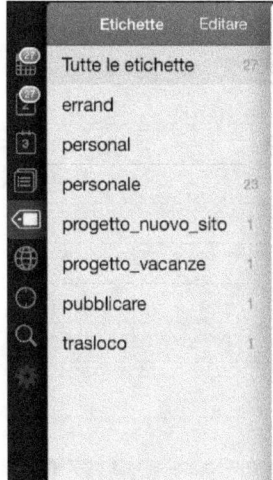

Figura 64

Nella Figura 64 è riportata la lista dei progetti creata utilizzando le etichette. Il numero alla destra dei nomi rappresenta il numero di attività per contesto in essi contenuto. Nella Figura 63 sono elencate le liste di contesto con a fianco il numero di elementi in esse contenute.

Nella Figura 65 è riportata l'interfaccia dell'applicazione RTM per iPad. In particolare, è evidenziata la sezione Etichette utilizzata, come già detto, per creare i progetti.

Nella Figura 66 sono visibili le liste di contesto e in particolare i dettagli relativi alla lista @Calls (nell'esempio questa lista è composta da tre elementi).

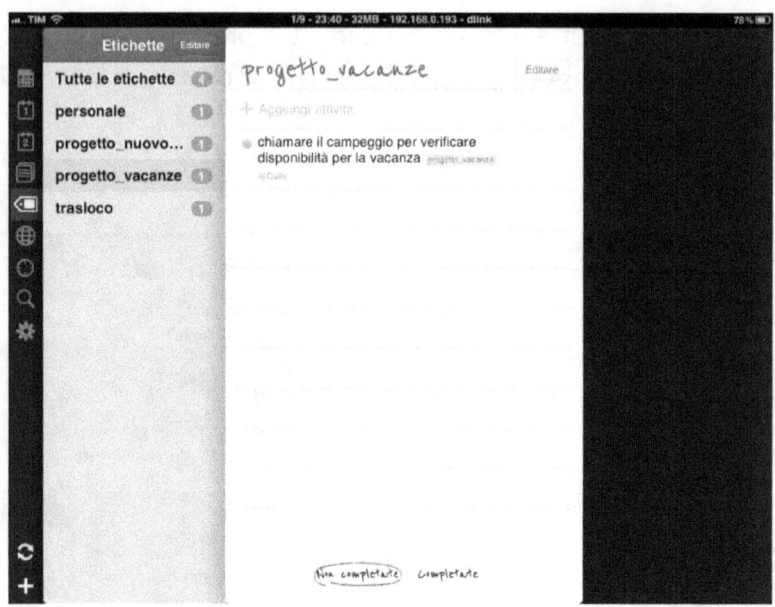

Figura 65

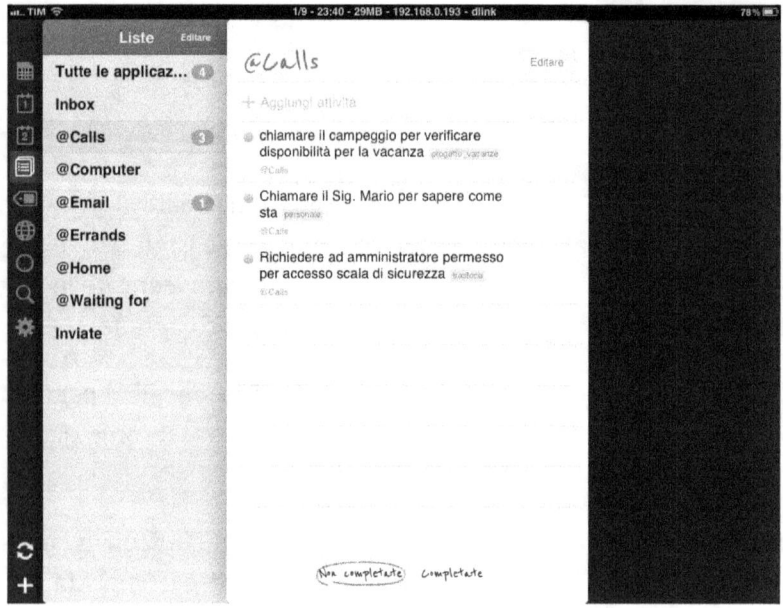

Figura 66

RTM permette la creazione di attività anche per mezzo di e-mail. E' sufficiente inviare una mail all'indirizzo:

username+abc123@rmilk.com

per trasformare l'oggetto della mail in un'attività memorizzata nel nostro sistema RTM.

L'username è il nome utente con cui ci siamo registrati al servizio mentre, al posto di abc123, dovremo mettere un codice generato, apposta per noi, da RTM. La mail completa a cui inviarci le attività la troviamo già composta nella sezione "Impostazioni" e poi "Informazioni" su RTM stesso.

Questo ci garantisce che saremo solo noi a conoscere questa e-mail e, quindi, solo noi potremo assegnarci delle nuove attività.

Nella descrizione dell'attività possiamo inserire dei comandi per RTM che permetteranno, in automatico, l'assegnazione di alcune proprietà all'attività stessa.

Se l'oggetto della nostra mail sarà composto in questo modo:

"Butta la spazzatura Monday at 8pm *weekly =15min #personale #@Errands",

alla sua ricezione sui server RTM, sarà creata automaticamente l'attività "Butta la spazzatura" associata al progetto "personale" nella lista di contesto "@Errands". L'attività ricorrerà, come nostro promemoria, ogni lunedì sera alle 20.00 (Monday at 8pm) e ogni settimana (weekly) e per compiere quest'attività impiegheremo circa quindici minuti.

Se il nostro ambiente GTD® prevede Microsoft Outlook su Windows possiamo integrarlo con RTM grazie ad un software, sempre di RTM, che permette la sincronizzazione delle attività Outlook-RTM. Per utilizzare questa funzionalità bisogna sottoscrivere l'abbonamento a pagamento. RTM ha funzionalità di sincronizzazione anche con il mondo BlackBerry e Windows Mobile.

RTM mette a disposizione dei propri utenti anche un plug-in per il browser per sincronizzare anche le attività di Gmail, e la possibilità di aggiungere *task* anche attraverso il nostro account di Twitter.

Tooledo

 Come Remember The Milk, anche **Toodledo** (€ 3,99) nasce da una piccola azienda, non australiana ma californiana, vicina a San Diego.

Come già evidenziato, a differenza di RTM, l'applicazione iPad di Toodledo è a pagamento ma, a differenza di RTM che impone solo una sincronizzazione dei dati al giorno, Toodledo, una volta acquistata l'applicazione, è utilizzabile per una prima implementazione di GTD®.

Le versioni a pagamento sono tre: la SILVER ($14,99 l'anno), la GOLD ($29,99 l'anno) e la PLATINUM ($89,99 l'anno). Le versioni a pagamento offrono alcune funzionalità non presenti in quella gratuita come:

- Poter inserire più di 30 attività per lista.
- La possibilità di creare sotto attività (*subtasks*).
- Statistiche grafiche e numeriche sulle attività svolte.
- Lo schedulatore: uno strumento che riceve in ingresso, da parte dell'utente, quanto tempo ha a disposizione per svolgere delle attività e il sistema gli presenta le attività realizzabili nel tempo a disposizione (ovviamente è necessario per ogni attività inserire il tempo stimato per portarla a compimento).
- La possibilità di condividere, con altri utenti a pagamento Toodledo, le attività (*collaboration*).
- ecc.

La versione GOLD e PLATINUM offrono la possibilità di inserire file nei progetti con uno spazio massimo a disposizione rispettivamente di 10 GB e 50 GB.

La lista completa delle funzionalità delle tre versioni è disponibile a questo indirizzo: http://www.toodledo.com/pro.php.
L'interfaccia Web di Toodledo è visibile nella Figura 67.

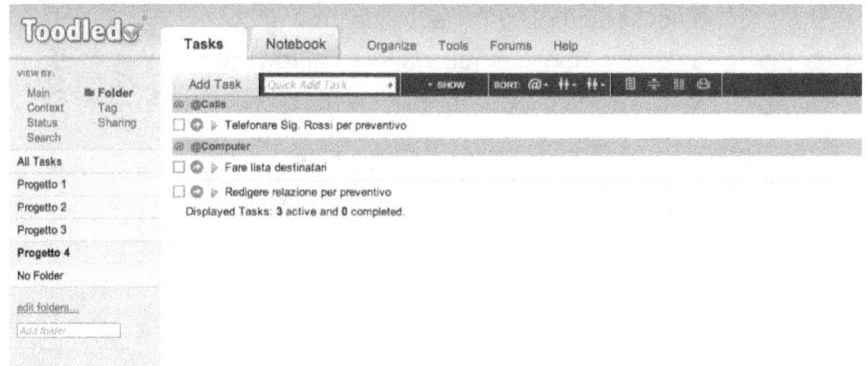

Figura 67

Le varie scelte sono presenti nella colonna di sinistra. Per configurare Toodledo per il GTD® è necessario utilizzare la funzione "Folder" (Cartelle) per i progetti. Ogni progetto avrà un folder e per ogni attività è possibile associare un contesto o altre etichette (tag).
Nella Figura 67 è selezionato il Progetto 4 e nella finestra è riportata la lista dei *task* raggruppati per contesto. Nell'esempio abbiamo un'attività per il contesto @Calls e due per il contesto @Computer sempre riferite al Progetto 4.
L'interfaccia web è in parte personalizzabile dalla sezione impostazioni.
L'applicazione per iPhone e per iPad presentano le stesse funzionalità dell'applicazione web con un aspetto grafico differente.

Nella Figura 68 sono visibili le impostazioni dell'applicazione, dove dobbiamo apportare una piccola modifica per implementare la metodologia GTD®. Dobbiamo trascinare, con il dito, il campo "@ contesto" dai "Campi inutilizzati" a "Campi utilizzati (e valori di Default)" in modo da aggiungere la proprietà di contesto alle nostre attività. Utilizzeremo così i "Folder" (Cartelle) per identificare i nostri progetti (una cartella per Progetto) e le proprietà di contesto per le nostre attività.

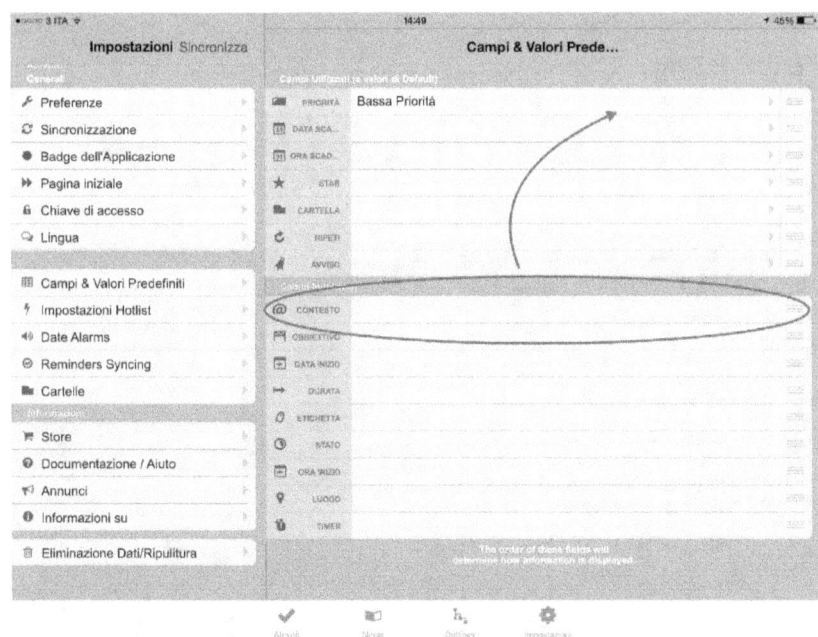

Figura 68

Nella Figura 69 le attività sono raggruppate per progetto. Nella Figura 70 e Figura 71 è presente l'interfaccia di Toodledo dell'applicazione per iPhone.

L'interfaccia delle versioni precedenti dell'applicazione, visibile nella Figura 72 era più piacevole. Il team di Toodledo ha appena comunicato che invierà all'App Store una nuova versione per ripristinare la grafica precedente a seguito delle numerose lamentele ricevute dagli utenti che preferivano il precedente *look and feel*[4].

Le applicazioni: iPhone, iPad e web sono sincronizzate automaticamente. Se desideriamo sincronizzare le nostre attività con quelle di Microsoft Outlook dobbiamo ricorrere o a un software gratuito, ma non più supportato (ToodledoSync), o ad altri strumenti a

---

[4] espressione utilizzata per descrivere le caratteristiche percepite dall'utente di una interfaccia grafica, sia in termini di apparenza visiva (*look*) che di modalità di interazione (*il feel*)

pagamento, consigliati dalla stessa Chromatic Dragon Software, autrice di ToodledoSync.

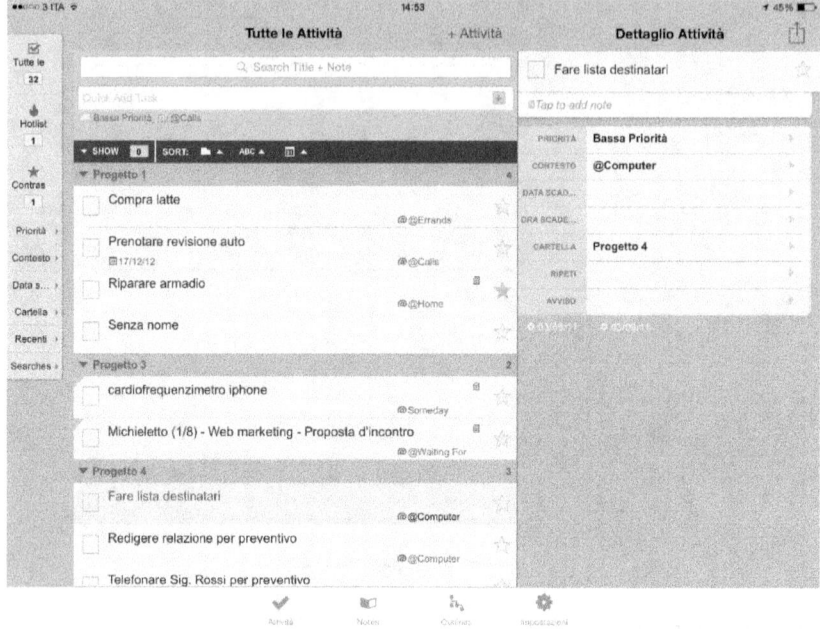

Figura 69

Figura 70

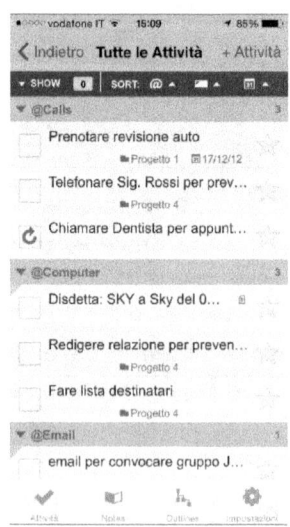

Figura 71

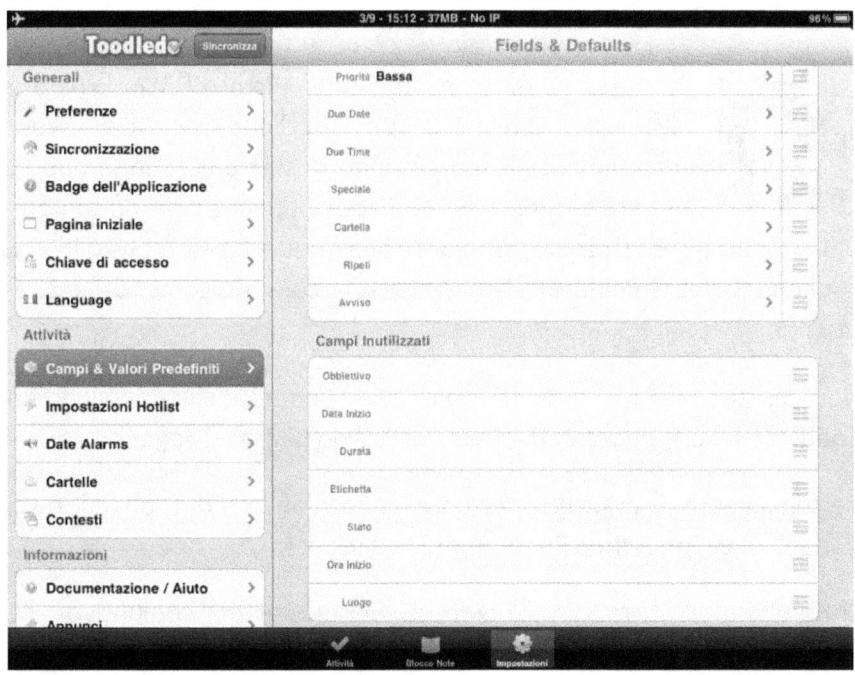

Figura 72

157

La lista dei software consigliati è disponibile sullo stesso sito di Toodledo a questo indirizzo nella sezione "Desktop":

 Dalle prove fatte in ambiente Microsoft Windows 7 e Microsoft Office 2010, ToodledoSync ha svolto egregiamente il suo compito di sincronizzazione dati tra Microsoft Outlook e Toodledo. Dato che il prodotto non è più supportato e garantito, prima di qualunque prova, consiglio una copia di sicurezza del file: PST di Outlook, in cui sono contenuti anche i *task*.

Non esiste più un sito ufficiale che permette il download di ToodledoSync. E' necessario, quindi, ricercarlo tramite Google.

Personalmente, soprattutto per un aspetto grafico e di usabilità, tra le due soluzioni, preferisco Remember The Milk.

Entrambe le soluzioni richiedono del software aggiuntivo per sincronizzare le attività con il nostro Microsoft Outlook.

La soluzione GTD® multi-piattaforma: IQTELL

A seguito dell'ampliamento del mio ruolo in azienda, mi sono trovato a dover utilizzare, come client, per la posta elettronica, oltre a MS Outlook anche IBM Lotus Notes.

La soluzione informatica che da anni utilizzo come supporto al GTD® prevede MS Outlook e il relativo Plug-IN della Netcentrics.

La posta elettronica nella mia attività ricopre un ruolo fondamentale perché è proprio tramite l'e-mail che gestisco il 90% delle mie attività: dai rapporti con i clienti alla gestione interna all'azienda.

L'integrazione della metodologia GTD® con la posta elettronica deve, quindi, essere completa e veloce e sono pochissime le soluzioni presenti sul mercato che soddisfano questo requisito.

Dovendo utilizzare due client di posta ho cercato, per alcuni giorni, di "dirottare" le e-mail ricevute sul client Lotus Notes su quello Outlook in modo da gestirle con lo stesso flusso di lavoro da me in precedenza adottato.

Questa soluzione si è subito dimostrata inefficiente quando, per inviare documenti ed e-mail dovevo utilizzare il client Notes, dovevo ricordarmi di inserire in copia nascosta il mio indirizzo di Outlook per poter poi, su questo client, memorizzare quanto inviato per future necessità.

Teoricamente il sistema poteva funzionare ma richiedeva, per la semplice gestione di un'attività, diversi passaggi che mi facevano sicuramente perdere in efficienza.

Questa esperienza mi ha spinto alla ricerca di una soluzione realmente indipendente dal client di posta elettronica che, però, avesse tutte le caratteristiche necessarie per una corretta e veloce implementazione della metodologia GTD®.

La mia ricerca si è concentrata su una soluzione multi piattaforma (web, iPad, Android) in modo da essere il più versatile possibile.

Altro requisito della mia ricerca era una soluzione con un'interfaccia semplice, intuitiva, immediata e possibilmente studiata con una grafica piacevole.

Ho scartato soluzioni come Remember e Toodledo perché, non essendo nate per gestire il GTD®, richiedono personalizzazioni e compromessi. Pur avendola apprezzata nell'utilizzo per diverse settimane, ho escluso anche SmartTM per la mancanza, al momento, di una piena integrazione con la posta elettronica.

La mia attenzione è stata attratta da una soluzione uscita sul mercato nel febbraio 2014: IQTELL.

IQTELL LCC è una start-up nata in Old Bridge, nel New Jersey, ed è stata fondata da Ran J. Flam, imprenditore di successo.

IQTELL offre all'utente un ambiente integrato per l'implementazione della metodologia GTD® unendo gli input provenienti dai nostri account di posta elettronica in un'unica Inbox e permettendo di processare ogni e-mail secondo quanto previsto dal GTD®.

L'ambiente integrato a disposizione dell'utente comprende anche la gestione delle attività, dell'agenda e dei contatti.

Molto utile anche l'integrazione con Evernote, soprattutto se abbiamo scelto quest'ultimo come archivio per i nostri progetti.

IQTELL offre tre forme di abbonamento al proprio servizio:

- Free (gratuito) - che prevede la sincronizzazione delle e-mail, dei contatti e dell'agenda solo per 60 giorni. La possibilità di consolidare nella Inbox di IQTELL sino a un massimo di 5 account e-mail.

- Premium ($ 5,95 al mese o $ 49,95 per un abbonamento annuale). Quest'abbonamento prevede una completa sincronizzazione delle e-mail, dei contatti e dell'agenda senza il limite dei 60 giorni della versione gratuita, per il resto ha le stesse caratteristiche della versione *free*.

- Platinum ($ 9,95 al mese o $ 79,95 per abbonamento annuale). Rispetto all'abbonamento Free e Premium permette di sincronizzare sino a 15 account e-mail consolidandoli nella Inbox di IQTELL e garantisce il supporto tecnico in un giorno, rispetto ai tre delle altre due sottoscrizioni.

Per valutarne le funzionalità, la Free è, quindi, più che sufficiente dato che per i primi 60 giorni ha le stesse funzionalità della Premium.

L'interfaccia utente offre la possibilità di selezionare diversi temi grafici e offre una comune esperienza utente sia che utilizziamo la versione web che le applicazioni su iPad, iPhone o Android.

I nostri dati saranno sincronizzati su tutte queste piattaforme.

Dopo aver creato il nostro account Free su IQTELL avremo davanti un cruscotto come riportato in Figura 73.

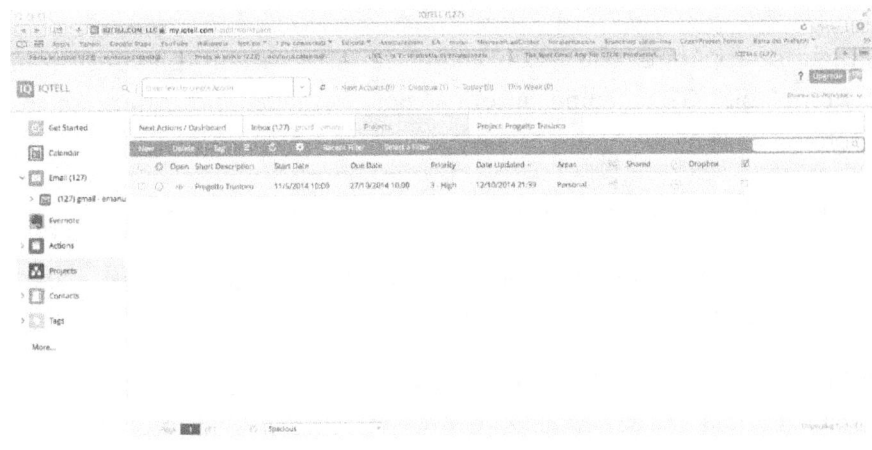

Figura 73

Nella figura è selezionata la vista per Progetti che ci permette di avere, subito, una visione d'insieme dei nostri progetti aperti. Tra tutte le soluzioni da me esplorate per il GTD®, IQTELL offre la miglior vista d'insieme per i progetti.

Nella barra di navigazione a sinistra, se abbiamo collegato al nostro account IQTELL un account di posta elettronica con calendario e contatti (per es. Google), avremo la possibilità di accedere alla nostra agenda e ai nostri contatti.

Selezionando un progetto entriamo nella sua scheda, dove possiamo visualizzare/aggiungere o modificare azioni relative a quel progetto organizzandole per contesto.

Molto interessante la funzionalità che permette di allegare documenti al progetto o di collegarli al nostro disco su Dropbox o Google Drive.

IQTELL è completamente integrato con la posta elettronica, tanto che possiamo inviare una mail direttamente dal progetto stesso in modo che sia automaticamente archiviata nello stesso.

Potremo, inoltre, agire sulla mail stessa, cancellandola, creando un allarme a essa collegata o creando dalla mail stessa una nuova azione per il Progetto o un nuovo Progetto.

Potremo applicare alla mail anche le altre azioni previste dalla metodologia GTD® come inserirla nelle attività "Un giorno/forse" (Someday / Maybe).

Per ogni progetto possiamo anche creare dei sotto-progetti.

Se selezioniamo l'opzione "Get Started", si aprirà un tutorial che ci introduce alle principali funzionalità di IQTELL.

IQTELL offre un elevato livello di personalizzazione che spazia dalla scelta di quali campi visualizzare sino alla possibilità di programmare delle macro per eseguire automaticamente delle azioni per noi.

Gli account e-mail che possiamo collegare a IQTELL sono diversi: Gmail, Yahoo, iCloud, Aol., Outlook.com, un account su un server MS Exchange dal 2007 in poi, Office 2007 o uno da personalizzare (per esempio POP3 o IMAP).

Purtroppo, non sono supportati account su server IBM Domino (Lotus Notes) se su questi non sono attivi i servizi IMAP.

L'elevato livello di personalizzazione, offerto dalla soluzione, permette l'implementazione della metodologia GTD® con gli adattamenti che ognuno può apportare.

Nella Figura 74 possiamo osservare l'applicazione IQTELL per iPad e in particolare la vista delle azioni. Nella barra di sinistra abbiamo la stessa barra di navigazione che troveremo quando ci collegheremo alla versione web.

La personalizzazione GTD® che ho implementato nella mia postazione fissa prevede di avere sempre visibile sul mio secondo monitor il browser con IQTELL a schermo intero. Per le mie esigenze di mobilità utilizzo indifferentemente IQTELL su iPhone o iPad.

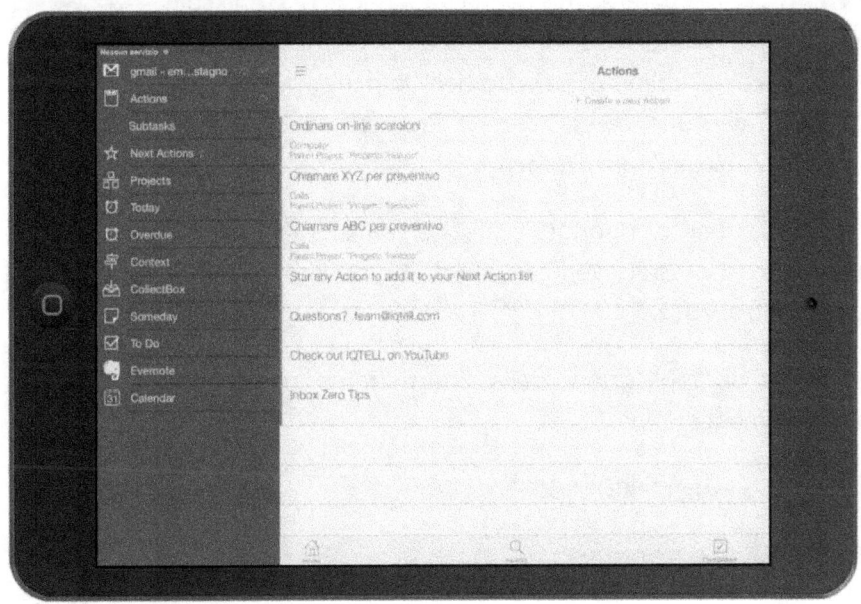

Figura 74

La gestione progetti con l'iPad

Come abbiamo visto dal diagramma del flusso della metodologia GTD®, quando l'obiettivo da raggiungere richiede più azioni, dobbiamo creare il relativo progetto. Tra le varie applicazioni provate per la gestione dei progetti, la più interessante è risultata SG Project che, oltre ad essere la migliore, al momento, disponibile per gestire un portafoglio di progetti, è anche tra le migliori applicazioni professionali che ho avuto il piacere di utilizzare. Mi stupisce il fatto che, nonostante l'iPad si presti a essere un ottimo compagno durante riunioni di progetto, siano così poche, al momento, le applicazioni disponibili per il Project Management degne di nota.

 **SG Project** è realizzato da Simple Genius Software, un'azienda nata nel 2012 come spin off di FourthFrame, con sede nella città di Dublino nello stato dell'Ohio, negli Stati Uniti.
La prima versione, con il nome di Project Pad 1.0, è stata rilasciata nel maggio 2010 da FourthFrame.

Secondo quanto riportato sul sito della software house che l'ha realizzato, sono state vendute più di 70.000 applicazioni in 70 differenti paesi sino al 2012.

La suite di applicazioni della FourthFrame per iPad per il project management erano:

- SG Project PRO (€ 35,99)
- SG Project (€ 8,99)
- SG Action Log (€ 8,99)
- SG Risk Log (€ 8,99)

Per iPhone: SG Project Go 5 (€ 9,99).

Durante il 2013 con la creazione dello spin off le applicazioni sopra riportate, per iPad, sono state rimosse a favore di nuove versioni:

- SG Project Pro 5 (€ 49,99)

- SG Project 5 (€ 19,99)

- SG Project OnePage 5 (€ 24,99)

- SG Project Sketcher 5 (€ 24,99)

La tabella riportata in Figura 75, mostra una matrice di confronto tra le varie versioni. Quelle che reputo di maggior interesse sono la SG Project e la SG Project Pro, rispettivamente nella prima e seconda colonna.

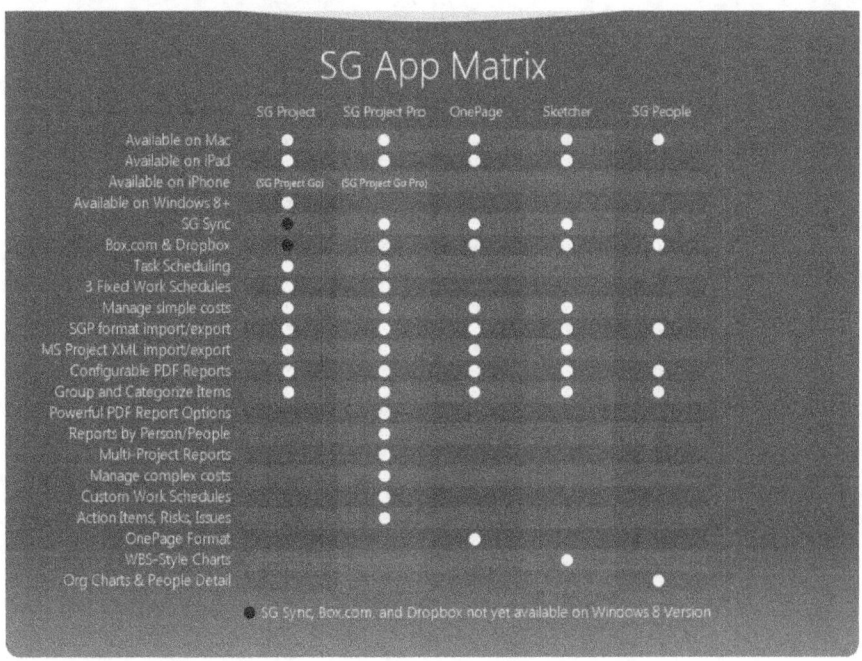

Figura 75

Rappresenta un punto di forza della versione PRO la possibilità di gestire non un solo progetto ma un portafoglio di progetti.

Il prodotto permette di avere una visione d'insieme dei nostri progetti attraverso sia la vista di "Portfolio", che, oltre ai progetti evidenzia le risorse coinvolte e la pipeline dei progetti sull'anno/anni sia attraverso la reportistica che si può produrre in PDF (Figura 76).

Figura 76

Entrando nel singolo progetto è possibile inserire le varie attività con le proprietà necessarie per lo svolgimento: il nome, la durata, la data d'inizio e fine, la percentuale di completamento, la/le risorse incaricate e le dipendenze dalle altre attività e molte altre (Figura 77).

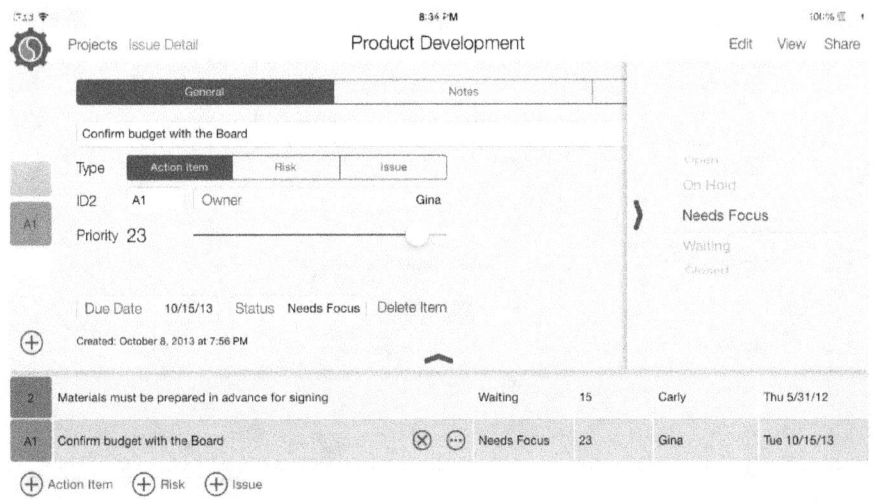

Figura 77

Con un semplice tocco è possibile vedere le attività con il caratteristico diagramma di Gannt (Figura 78).

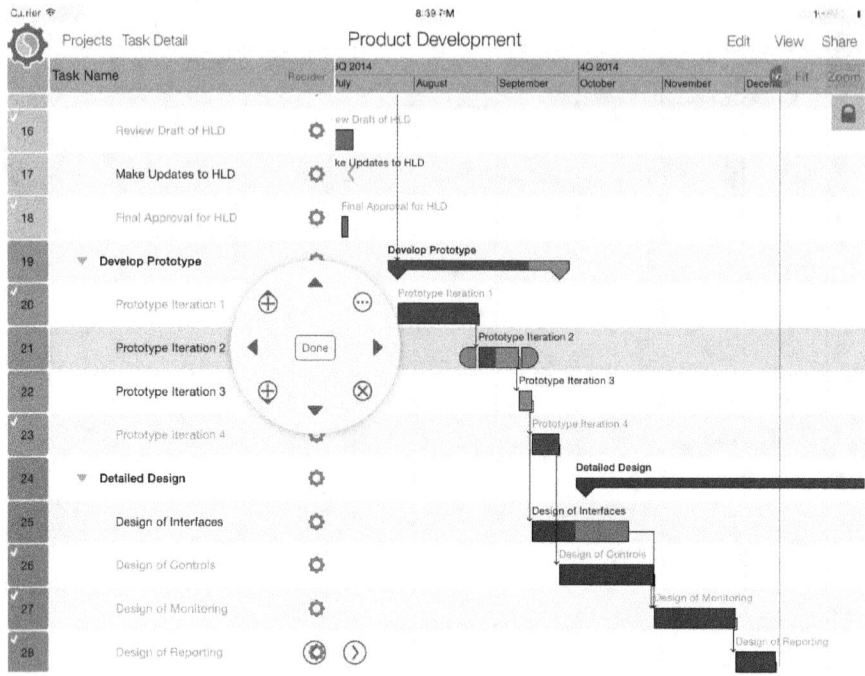

Figura 78

Rappresenta una caratteristica interessante, della versione PRO, anche la possibilità di realizzare un piano dei rischi associato a ogni attività/progetto.

Molto interessanti sono le funzionalità di condivisione che permettono l'invio - previa verifica tramite finestra di anteprima del progetto per e-mail - a iTunes, a Dropbox e a video tramite uscita VGA. Il progetto può essere esportato in formato PDF, SGP e XML.

Grazie a quest'ultimo, il progetto può essere importato nei più diffusi software di Project Management per Microsoft Windows come in Microsoft Project e per Mac OS in Merlin. Per la gestione dei progetti con GTD®, o per il semplice Project Management, la versione SG Project PRO vale sicuramente il suo prezzo.

Per ulteriori approfondimenti è possibile visionare diversi video corsi che insegnano ad utilizzare SG Project PRO.

Se desideriamo utilizzare SG Project sul nostro Mac questo è possibile grazie alla versione per Mac Os di SG Project.

In realtà ne esistono quattro di versioni per Mac OS:

- SG Project 5 (€ 49,99)

- SG Project Pro 5 (€ 199,99)

- SG Project OnePage 5 (€ 49,99)

- SG Project Sketcher 5 (€ 49,99)

Per le mie esigenze di progetto ho scelto SG Project Pro 5 sia per iPad che per Mac Os.

Per scegliere la migliore soluzione per le nostre esigenze sono disponibili spiegazioni dettagliate su ogni soluzione, iPad, iPhone e Mac Os sul sito dello sviluppatore.

Le mappe mentali (mind map)

Si parla sempre di "fare innovazione", ma, spesso, questo termine rimane astratto, come se l'innovazione fosse frutto di menti geniali o di artisti che "creano" la novità, la soluzione.

L'innovazione nasce da un'idea che all'improvviso si materializza nella nostra mente. E' la risposta alle nostre domande, la soluzione del problema stimolata dagli input e dalle informazioni che abbiamo, dalle sensazioni e dalle impressioni.

Numerosi studiosi hanno analizzato la possibilità della mente umana di associare concetti e informazioni in modo non lineare e la differenziazione funzionale dei due lobi cerebrali. Quello sinistro elabora le informazioni con un approccio lineare, logico, analitico, quantitativo, razionale e verbale, e può essere stimolato mediante rappresentazioni di tipo testuale e verbale. Quello destro opera in modo non lineare, olistico, intuitivo, immaginifico e non verbale, e può essere stimolato mediante rappresentazione gerarchiche, collocazioni spaziali, simboli e colori.

Lo psicologo inglese Tony Buzan, intorno al 1960, partendo da studi compiuti sulle associazioni non lineari e sulla differenza funzionale dei due lobi, ha individuato una modalità che permette di rappresentare le informazioni e le idee coinvolgendo sia le funzionalità logico-razionali sia quelle immaginifico-creative: le mappe mentali (Figura 79 (Fonte: http://www.digitalhandeln.de/produktivitaet/getting-things-done-gtd-als-infografik)).

Questa tecnica di rappresentazione grafica della conoscenza - la mappa mentale - consiste in un diagramma nel quale i concetti sono presentati in forma grafica: l'idea principale si trova al centro dello schema, mentre le informazioni e dettagli di approfondimento sono legati secondo una geometria radiante via via verso l'esterno.

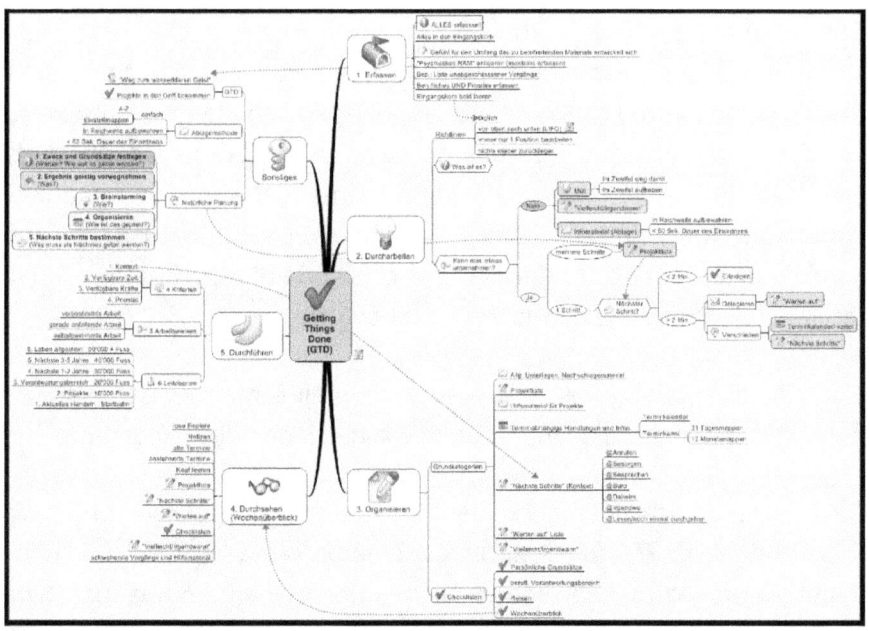

Figura 79 (Fonte: http://www.digitalhandeln.de/produktivitaet/getting-things-done-gtd-als-infografik)

Le mappe mentali si caratterizzano rispetto ad altre modalità di rappresentazione per l'enfasi posta:

- sulla struttura gerarchico-associativa delle informazioni;

- sull'uso di elementi di notevole impatto percettivo, come, ad esempio, i colori e le immagini che stimolano la creatività del produttore e catturano l'attenzione del lettore.

In una mappa mentale ogni ramo, a sua volta, potrebbe essere il centro di un'altra mappa mentale di maggiore dettaglio.

Le mappe mentali rappresentano un valido supporto alla creatività perché stimolano a considerare idee e associazioni non ancora elaborate. Dove per creatività non dobbiamo solo immaginare un processo creativo per lo sviluppo di un nuovo prodotto o servizio ma un approccio alla risoluzione di problemi.

Con le mappe mentali abbiamo a disposizione anche un valido strumento di supporto alla rappresentazione e all'organizzazione delle nostre azioni: permettono una visione d'insieme, aiutano a lavorare su pensieri e idee esistenti e su quanto deve ancora essere sviluppato da essi. Grazie alla loro capacità rappresentativa, sono in grado di comunicare il pensiero in quanto esplicitano, in modo grafico, i legami concettuali e, soprattutto, facilitano la creazione di associazioni mentali facilitando la creazione di nuove idee innovative.

L'ambito di applicazione delle mappe mentali è molto vasto e spazia dalla sfera personale al team di lavoro alla gestione della conoscenza.

David Allen dedica alle mappe mentali alcune pagine sul suo libro *Detto fatto!* ("*Getting Things Done*") quando presenta il modello della pianificazione naturale. Secondo Allen la nostra mente è una macchina che pianifica in modo naturale ed anche inconscio. David propone l'esempio della pianificazione naturale di una cena fuori di casa per evidenziare come la nostra mente può compiere una serie piuttosto complessa di passi, apparentemente casuale, per concludere qualunque compito:

1. Definire scopo e principi (riprendendo l'esempio della cena lo scopo potrebbe essere per la sigla di un contratto e i principi: i requisiti del "piano" come la qualità e la tipologia del cibo, il luogo, ecc.).

2. Visualizzare il risultato.

3. Fare un brainstorming.

4. Organizzare.

5. Identificare il prossimo passo.

Nel secondo passo, quando visualizziamo nella nostra mente come vorremmo fosse il risultato, la nostra mente stessa cerca di colmare il divario tra l'attuale e il desiderato. Questo processo è il brainstorming: il terzo passo.

La nostra mente in questa fase produce molte idee in modo disordinato, come un fiume in piena. E' importante in questa fase catturarle tutte per poi analizzarle/elaborarle in seguito.

L'idea e l'organizzazione delle stesse, per questo libro, hanno preso forma proprio grazie alle mappe mentali, che sono diventate fondamentali per organizzare le idee e quindi creare la struttura vera e propria del libro. L'utilizzo di un'applicazione su iPad per le mappe mentali ha reso semplice lo spostamento di paragrafi, capitoli e l'inserimento d'immagini grafiche mi ha aiutato a definire una struttura accettabile. Soprattutto, la rappresentazione grafica permette di avere una fotografia d'insieme con un colpo d'occhio.

Le mappe mentali risultano molto utili in ambito lavorativo, dove il lavoro è svolto in team. La mappa conterrà le informazioni e le idee di diverse persone rappresentate contemporaneamente, facilitando il confronto e permettendo di accelerare il passaggio dalla fase di elaborazione a quella esecutiva.

Nell'ambito professionale, ho trovato l'utilizzo di questo strumento molto valido nella definizione di una strategia di sviluppo business, in cui le idee si collegano l'una all'altra creando nuove opportunità da esplorare.

Gli strumenti informatici per le mappe mentali disponibili su MAC e PC hanno sicuramente dei vantaggi tra cui la possibilità di collaborare in modo remoto, ma anche degli svantaggi.

Uno tra questi è legato proprio all'elemento della creatività. Infatti, lo stesso Buzan da sempre raccomanda la realizzazione delle mappe mentali su carta, perché la manualità e la sensorialità del disegno manuale stimolano l'emisfero cerebrale destro che è preposto alla creatività, alla fantasia, all'intuizione, attingendo sia a quanto si trova nella sfera del cosciente, sia a quanto si trova fuori da essa (subcosciente e inconscio).

Con il nostro iPad e il suo schermo *multi touch* abbiamo i vantaggi del documento elettronico e in più possiamo innescare i processi creativi tipici dell'utilizzo delle mappe mentali sulla carta.

Esistono numerose applicazioni per iPad che promettono un'ottima implementazione delle mappe mentali con prezzi che variano dal gratis ai 25 Euro. Su questo blog: http://mindmappingsoftwareblog.com/ ho trovato un interessante confronto grafico tra numerose soluzioni iPad per le mappe mentali (Figura 80):

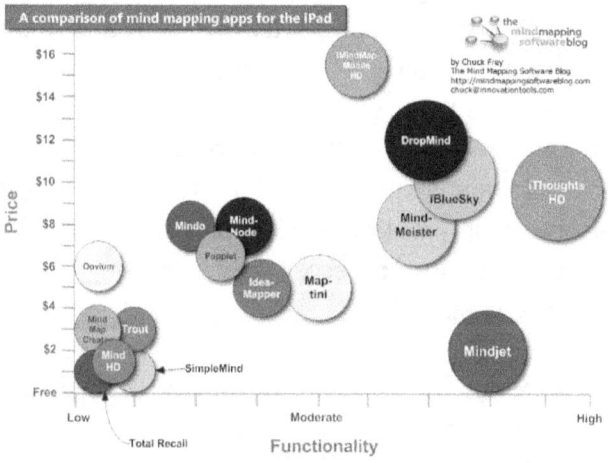

Figura 80

Dopo aver provato circa una decina di applicazioni, ho deciso di adottare permanentemente iThoughts. Guardando il suo posizionamento sul grafico nella Figura 80 mi ritrovo con quanto riportato dall'autore sull'elevato numero di funzionalità (High) e ritengo ottimo il rapporto costo/funzionalità/usabilità.

iThoughts

 **iThoughts** (€ 9,99) è stata la prima applicazione per creare mappe mentali, disponibile su App Store. Infatti, è possibile acquistarla, dal 23 aprile 2010.
L'applicazione dal 2010 ha ricevuto numerosi aggiornamenti per l'inserimento di nuove funzionalità. Il livello di maturità di iThoughts è molto alto sia dal punto di vista delle funzionalità offerte all'utente che nello studio, molto importante per questa categoria di applicazioni, della usabilità. Questa applicazione non è stata realizzata da una software house e, quindi, da un team di sviluppatori, ma da un singolo sviluppatore: Craig Scott. L'autore attraverso il sito web di presentazione e supporto della sua applicazione mette a disposizione una raccolta di FAQ.

E' possibile avere un'esauriente panoramica dell'applicazione grazie al video realizzato dall'autore stesso:

Avviata l'applicazione, ci troveremo davanti ad una mappa d'esempio (Figura 81) con la quale potremo iniziare a prendere confidenza con l'applicazione. Creare una nuova mappa mentale con iThoughts è molto semplice: è sufficiente selezionare la prima icona in alto a sinistra, del libro aperto, e selezionare l'icona "+" dal menù che si aprirà. Dovremo scegliere il nome che vogliamo dare alla nostra mappa e questo comparirà in un pallogramma al centro dello schermo (Figura 82).

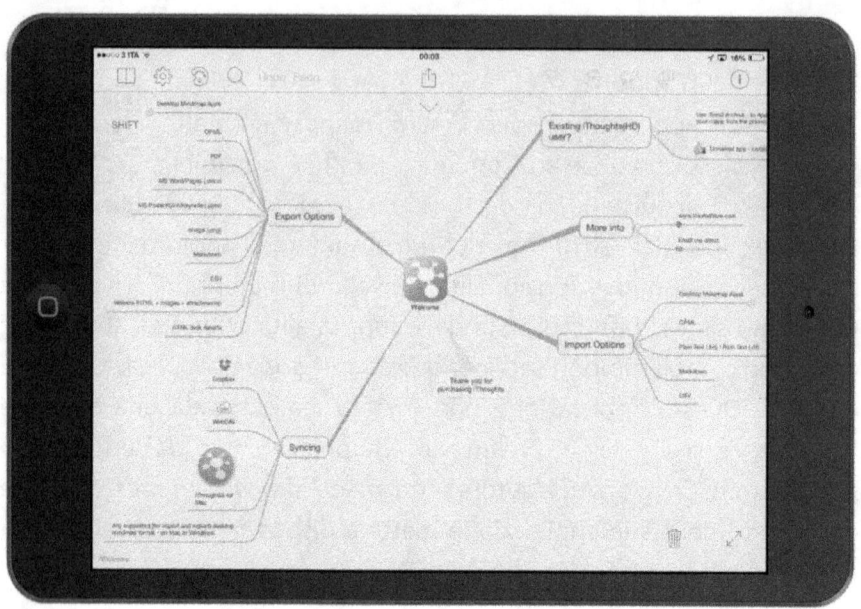

Figura 81

Tramite l'icona 🔗 possiamo facilmente aggiungere un nuovo ramo e il relativo pallogramma. In pochi minuti possiamo comporre la nostra mappa mentale come quella riportata nella Figura 82.

Una volta creato un nodo della mappa, se lo selezioniamo con un click del nostro dito, avremo a disposizione un menù contestuale che ci permette rapide operazioni sul nodo stesso come: taglia, incolla, copia, elimina seleziona e ricerca il contenuto testuale del nodo su Google.

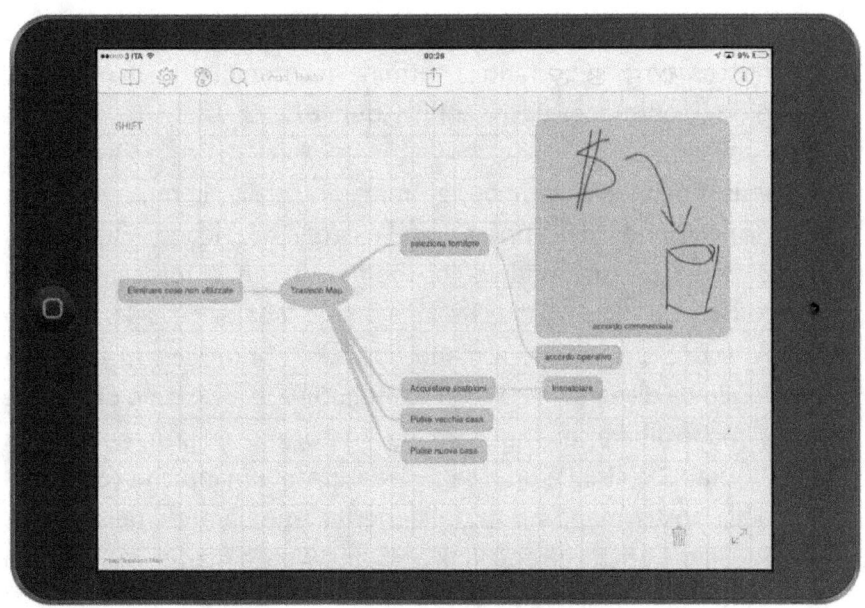

Figura 82

Sempre dopo la selezione del nodo possiamo modificare le sue caratteristiche selezionando l'icona in alto a destra: "i" che ci da accesso a una serie di menù che permettono di:

- inserire una piccola icona, tra quelle disponibili, all'interno del nodo/pallogramma (Figura 83);

- modificare il colore del pallogramma tra circa 60 a disposizione (Figura 84);

- modificare la forma del pallogramma trasformandolo, per esempio, da ovale a rettangolare (Figura 85);

- modificare il carattere da normale a italico o grassetto e l'indentazione del testo nel pallogramma (allineato a sinistra, centro e destra), (Figura 86);

- gestire il ramo della mappa come fosse un *task* potendone inserire la percentuale di avanzamento, la data d'inizio e fine e lo sforzo necessario per portarlo a termine (esprimibile in minuti, ore, giorni, settimane, mesi o anni), Figura 87.

- inserire nella nostra mappa immagini dalla libreria messa a disposizione dall'applicazione (circa 48 icone di grandi dimensioni), scattandole sul momento con la fotocamera, dal rullino dell'iPad o creandole a mano libera. Se selezioniamo l'opzione per crearle a mano libera, si aprirà davanti a noi un foglio da disegno in cui, con strumenti base, possiamo disegnare a mano libera, quanto sarà poi importato nella mappa. Nella Figura 83 è visibile un disegno realizzato a mano che comparirà nella nostra mappa: a tutti gli effetti come un nodo della stessa. Possiamo anche inserire link a pagine web, a mappe già create o a indirizzi e-mail (Figura 88).

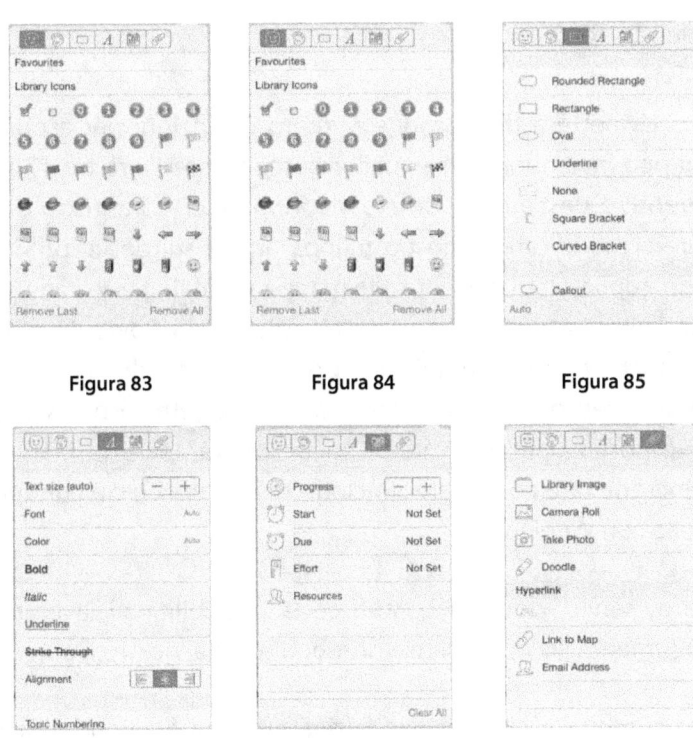

Figura 83 Figura 84 Figura 85

Figura 86 Figura 87 Figura 88

Possiamo decidere per molte delle caratteristiche sopra riportate se applicarle al solo nodo o anche ai suoi figli.

L'icona ci permette di collegare con delle frecce i nodi della mappa anche se non in stretta relazione fra loro.

L'insieme d'icone che si trovano in alto a destra della barra sono tutte dedicate alla composizione/modifica della mappa, mentre quelle in alto a sinistra sono dedicate alla gestione dei file e delle opzioni.

La prima icona da sinistra: ci permette di accedere alle mappe da noi in precedenza create.

L'icona ci mette a disposizione numerose funzioni per esportare la nostra mappa inviandola per e-mail e potendo scegliere tra 17 formati file differenti. Quest'ampia varietà di formati ci garantisce di poter continuare a modificare la nostra mappa anche sul desktop/notebook utilizzando applicazioni dedicate alle mappe mentali. Tra le varie opzioni c'è anche l'esportazione in formato MS Word, MS PowerPoint o PDF. Possiamo anche aprirla con un'altra applicazione installata e creare una mail con, all'interno, un report dei *task* per progetto o risorsa. Questo menù di esportazione ci permette anche di stampare la mappa o di tenerla sincronizzata con il servizio cloud di Dropbox o qualunque altro compatibile con WebDAV.

L'accesso ai servizi cloud ci garantisce la possibilità di lavorare sullo stesso documento sia dal desktop/notebook sia dal nostro iPad.

iThoughts ci mette a disposizione la potentissima funzione di gestione delle versioni delle nostre mappe in modo da poter accedere a precedenti modifiche.

Per condividere con il nostro desktop/notebook le mappe, l'applicazione mette a disposizione anche la possibilità di copiarle via Wi-Fi. Possiamo anche proteggere le nostre mappe da sguardi indiscreti con una password.

Per mezzo dell'icona si accede alle numerose opzioni di configurazione dell'applicazione.

Con iThoughts è facile gestire anche mappe di grandi dimensioni potendo ingrandire e muovere le mappe con semplici gesti sullo schermo.

Le mappe mentali possono essere molto utili per una raccolta d'informazioni e idee dal web. Per fare ciò, iThoughts ci mette a disposizione la funzione "Research" che si attiva quando selezioniamo un nodo della mappa. Questa funzione apre, di fatto, un web browser all'interno dell'applicazione con il quale possiamo fare ricerche di contenuti, immagini, video, ecc.

Se identifichiamo un contenuto di nostro interesse, non ci resta che selezionarlo e aggiungerlo come ramo nella nostra mappa, tutto all'interno di iThoughts.

Le mappe mentali sono un ottimo strumento, oltre che per il brainstorming e per la raccolta d'informazioni, anche per presentare informazioni, gestire progetti, tenere sotto controllo le proprie attività, ecc.

E' disponibile, gratuitamente, in Internet un'amplia biblioteca di mappe create dagli utenti con gli obiettivi e utilizzi più disparati su biggerplate.

Se richiamiamo http://www.biggerplate.com/ direttamente dal browser Safari del nostro iPad potremo aprire automaticamente le mappe selezionate all'interno di iThoughts.

Esecuzione

Raccolta › Analisi › Organizzazione › **Esecuzione** › Verifica

L'organizzazione in liste di contesto ci aiuta a decidere quale prossima azione compiere in quel determinato momento. Dopo aver identificato e formalizzato tutti i nostri progetti e attività, non resta che decidere quale prossima azione compiere. Allen propone diversi modelli per prendere questa decisione tra cui quello dei quattro criteri che prevede la scelta dell'azione in base:

1. **Al contesto**
2. **Al tempo disponibile**
3. **All'energia disponibile**
4. **Alla priorità/scadenza**

Se dobbiamo fare la telefonata più importante della nostra vita ma non ci troviamo nel contesto opportuno, come in volo in aereo, non ha senso scorrere la lista "Telefonate", possiamo, invece, concentrarci a scrivere un documento preso dalla lista "Al computer".

Allo stesso tempo, se abbiamo solo due minuti a disposizione per una telefonata, perché l'aereo sta per decollare, è più opportuno chiamare un familiare per un saluto piuttosto che lo sconosciuto presidente di una multinazionale a cui dovremo sicuramente agganciare il telefono in faccia dopo aver iniziato da poco la conversazione.

Il terzo criterio pone l'accento sull'energia che abbiamo a disposizione in quel determinato momento. Se abbiamo avuto una giornata pesantissima, siamo molto stanchi e dobbiamo per esempio fare una trattativa economica importante con un negoziatore agguerrito, sarà più opportuno rimandarla al giorno successivo, piuttosto che farla alle otto di sera quando potremmo facilmente soccombere nella trattativa concedendo più di quello che vorremmo.

L'ultimo criterio prende in considerazione la priorità/urgenza e la scadenza di una particolare attività che può farci decidere di fare proprio quell'azione invece di altre. Per esempio: una scadenza improvvisa imposta dal nostro responsabile.

La metodologia di David Allen, opportunamente adattata al nostro lavoro e al nostro modo di lavorare, mantiene quello che promette: maggior produttività, minor stress e più tempo per dedicarci alla componente creativa del nostro lavoro.

La metodologia GTD® prevede quindi:

1. La trasformazione dei nostri obiettivi in progetti nel caso che per raggiungere il risultato desiderato sia necessaria più di un'azione "atomica". Questo richiede la creazione di una "lista progetti" che rappresenterà la sintesi di tutti i nostri progetti aperti sia di tipo personale sia professionale. Esempio: "Trasloco", "Creazione nuova brochure", "Preparare riunione semestrale", ecc.

2. Per raggiungere l'obiettivo del progetto saranno necessarie diverse azioni "atomiche" come: telefonate, e-mail da inviare, documenti da preparare, informazioni da richiedere ai colleghi, attività da demandare, ecc.

La migliore pratica consigliata dalla metodologia GTD® per l'utilizzo dell'agenda prevede l'utilizzo di tre tipi diversi di appuntamento: attività a un'ora specifica, attività in un giorno specifico e un'informazione necessaria in un giorno specifico. La prima tipologia di appuntamento è la più utilizzata, le altre due, se utilizzate, ci permettono di estendere le funzionalità dell'agenda. L'attività a un'ora specifica non nasconde nessun segreto: è l'appuntamento fissato a un giorno e ora specifici. Molte volte ci sono attività che dobbiamo fare in un giorno specifico ma, non necessariamente, a un'ora particolare. Per esempio: una telefonata da fare prima che termini la giornata, un documento da preparare o una mail da mandare quel giorno o semplicemente un appunto o un'informazione da ricordare proprio quel giorno. Per creare questo tipo di memo, in agenda sul nostro iPad, possiamo utilizzare la funzione "Inizio e Fine" specificando "Giornata" come mostra la Figura 89.

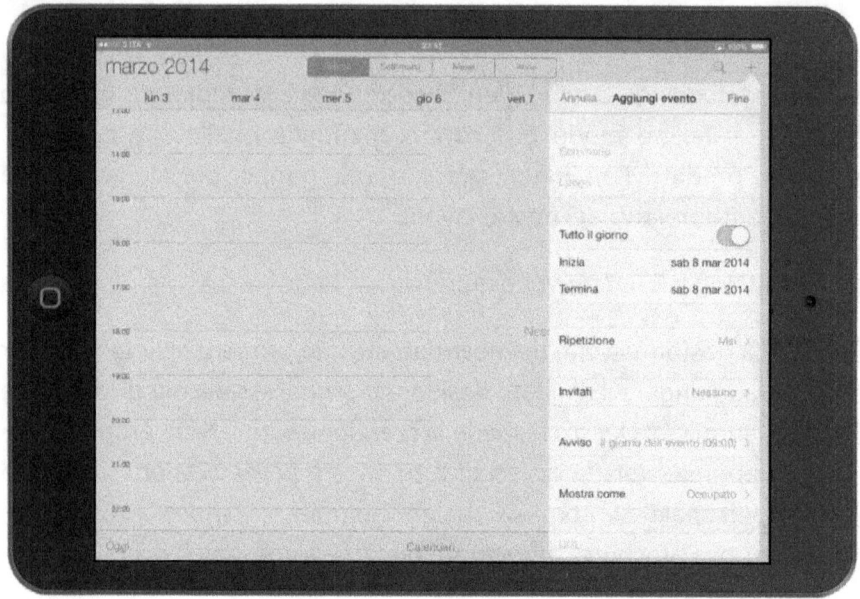

Figura 89

Selezionando quest'opzione il nostro appuntamento comparirà in cima all'agenda (Figura 90), evidenziato con il rettangolo, del giorno specifico in qui dobbiamo farlo o in cui ci serve quell'informazione.

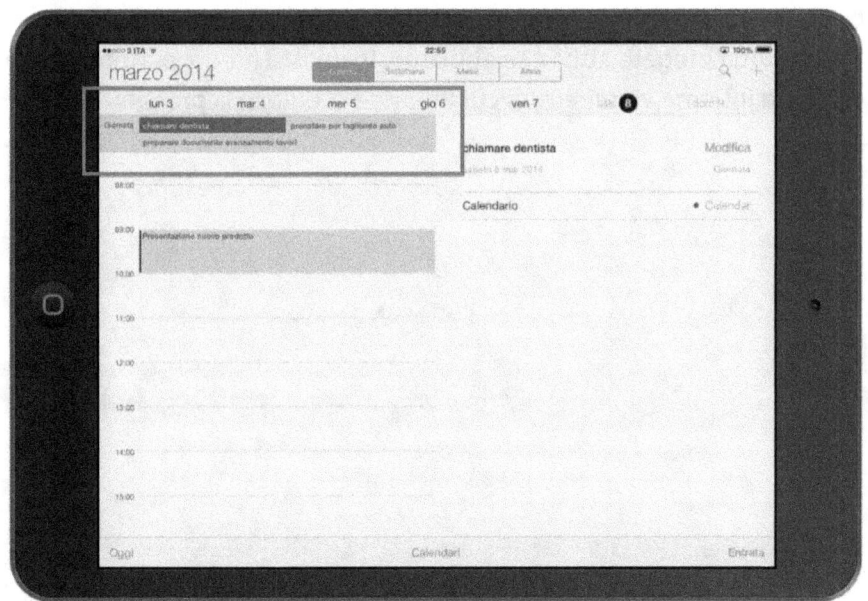

Figura 90

Se acquisiamo l'ottima abitudine di guardare l'agenda, non appena terminiamo un'attività, scorreremo con lo sguardo prima gli appuntamenti fissati a un'ora specifica per poi spostarci a quelli della giornata.

Può essere utile inserire delle note negli appuntamenti ora/giorno specifico o "giorno intero". Per esempio: se abbiamo fissato un appuntamento con il nostro responsabile e dobbiamo condividere con lui una serie di scelte, possiamo inserire nella nota la lista di queste scelte.

Se per la prossima ora non abbiamo appuntamenti fissati e le attività/memo della giornata sono terminate, possiamo decidere di spostare la nostra attenzione sulle altre attività che dobbiamo espletare.

Per decidere quale deve essere la nostra prossima attività, come insegna la metodologia GTD®, dobbiamo prendere in considerazione sia la dimensione "contesto" sia i nostri obiettivi a breve e lungo tempo. Un buon punto di partenza, per la scelta della prossima attività, è scorrere la lista di tutti i progetti attivi che abbiamo. In questo modo, partendo dalla visione d'insieme, riusciremo sicuramente a scegliere la prossima attività.

Lo strumento delle check-list

Se ci troviamo nella situazione di avere più attività uguali e ripetitive da eseguire per raggiungere un obiettivo, per non rischiare di dimenticarne una, o semplicemente per non doverci sforzare di tenerle tutte a mente, possiamo raggrupparle in una check-list ovvero una lista di controllo. Questo tipo di lista lavora come un promemoria per cui, appena avremo fatto un'azione della lista, la spunteremo come fatta sino ad arrivare all'ultimo elemento.

Possiamo costruire le più svariate check-list in funzione dei nostri compiti professionali e personali. Per fare qualche esempio: per i miei viaggi di lavoro utilizzo apposite check-list che si differenziano per il numero di giorni in cui sarò in trasferta.

Queste liste contengono, ad esempio, l'elenco degli effetti personali che devo portarmi in funzione dei giorni, per cui, nella check-list "trasferta 2 giorni" è raccolto l'elenco del contenuto della mia valigia. Da quando l'ho creata, non corro il rischio di dimenticarmi nulla, dalla biancheria al carica batterie del cellulare ma, soprattutto, non esco da casa con il timore/sensazione di essermi dimenticato qualche cosa.

Per la metodologia GTD® utilizzo una check-list che controllo settimanalmente e che raggruppa per esempio la lista dei contenitori che devo verificare e svuotare.

Sull'App Store sono presenti numerosissime applicazioni per gestire le liste di controllo, alcune generiche e altre specifiche come quelle per le check-list della spesa al supermercato o per la valigia per le vacanze.

 Tra quelle provate ho adottato **Checklists XL** (€ 0,99). Nella Figura 91 è riportata l'applicazione che racchiude in un'unica schermata tutte le funzionalità. Nella  colonna di sinistra sono visibili le check-list già inserite con possibilità di inserirne una nuova digitando semplicemente il nome nella casella di testo disponibile e selezionando "Add". Appena eseguiamo l'applicazione, la prima lista, presente nella colonna di sinistra, è visualizzata nella colonna di destra. Nel caso riportato nella Figura 91 la lista si chiama "Weekly Review", contiene 27 elementi, come evidenziato a fianco del nome, che sono riportati nella colonna di destra.

Selezionando "Edit Lists" è possibile sia eliminare le liste sia cambiarne l'ordine nella colonna. Se selezioniamo un elemento della lista, per segnarlo come eseguito, questo diventerà grigio. Una volta eseguite tutte le azioni della lista, è sufficiente selezionare "Reset" per riportare gli elementi in "non eseguiti" pronti per la prossima volta che dovremo accedere alla lista.

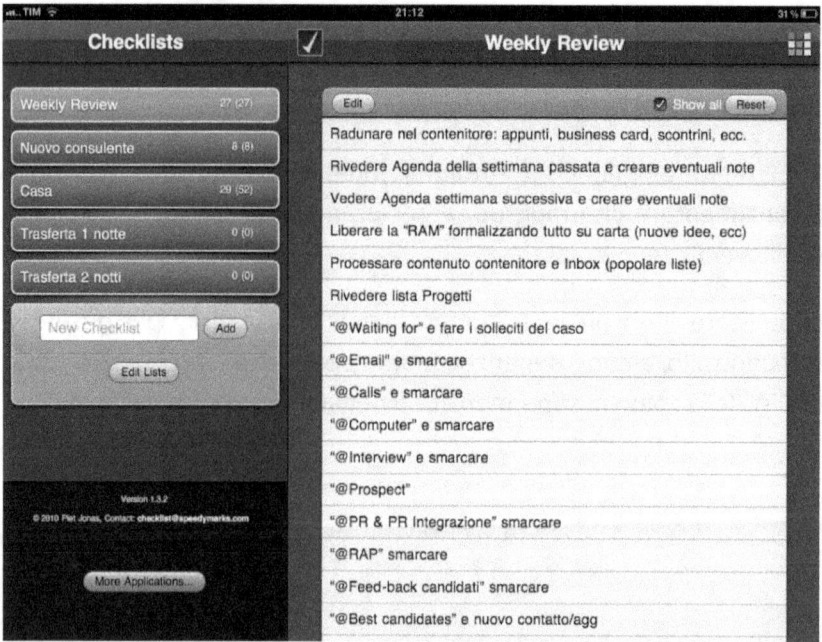

Figura 91

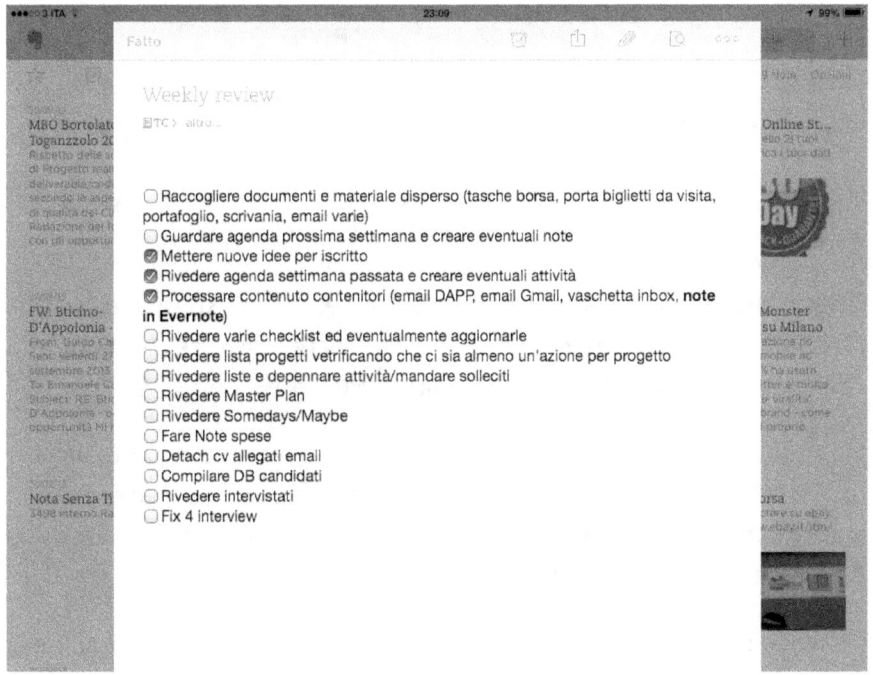

Figura 92

 Se vogliamo perseguire l'obiettivo di minimizzare i contenitori per le nostre informazioni e se ci accontentiamo di qualche funzionalità in meno rispetto a Checklists XL, possiamo utilizzare anche in questo caso Evernote.

Così la checklist della nostra revisione settimanale del sistema GTD potrebbe essere come in Figura 92.

Il vantaggio di usare Checklists risiede, prevalentemente, nella funzionalità di "reset" della lista ovvero, una volta che avremo smarcato tutte le *checkbox* della lista, basterà selezionare il tasto "reset" per "sbiancare" le *checkbox*. Questo non è possibile con Evernote e dovremo farlo linea per linea.

Se scegliamo Evernote, avremo però il vantaggio di avere la checklist su tutte le piattaforme supportate da Evernote.

Verifica del Sistema

Raccolta › Analisi › Organizzazione › Esecuzione › Verifica

Il sistema GTD® rimarrà funzionante ed efficace se, e solo se, lo verificheremo periodicamente.

Questa fase del processo è molto importante, eppure spesso trascurata, perché sembra di "perdere tempo" nel verificare il sistema. Senza questa verifica perderemo il controllo delle attività da fare.

La metodologia prevede, di massima, due verifiche: una giornaliera e una settimanale ma, nulla ci vieta di realizzare una verifica quando abbiamo bisogno di ri-focalizzarci su i nostri obiettivi o avere una visione d'insieme dei nostri progetti.

Quella giornaliera prevede, ovviamente, la verifica dell'agenda nella quale sono inseriti tutti gli appuntamenti a ore specifiche o le attività che dobbiamo fare, tassativamente, quello specifico giorno (quelli inseriti come attività "giornata intera"). Questa verifica dobbiamo farla ogni volta che terminiamo un'attività durante la nostra giornata.

Non appena abbiamo una finestra di tempo libero, è necessario rivedere la lista delle azioni organizzate per contesto partendo dalla lista dei progetti che abbiamo attivi. In questo modo potremo scegliere quale prossima attività svolgere partendo da una visione d'insieme.

Queste verifiche giornaliere possono richiederci dai 15 a 30 minuti circa.

La verifica settimanale richiederà, invece, da una a due ore circa. Questa verifica prende in considerazione tutto il nostro sistema e, grazie all'iPad, potremmo realizzarla ovunque ci troviamo. Per farci guidare passo passo nella verifica settimanale è utile avere una ckeck-list di quanto dobbiamo verificare. Se abbiamo adottato per memorizzare i nostri appunti e le referenze di progetto in Evernote, possiamo creare velocemente una check-list e inserirla tra i collegamenti rapidi in modo da poterla richiamare velocemente. Man mano che verificheremo i vari elementi della lista segneremo la casella relativa. Purtroppo, Evernote, al momento, come già evidenziato, non ha una funzionalità di ripristino delle caselle segnate come "fatte" e ogni volta dovremo, una per una, smarcare le caselle marcate con la precedente verifica.

Se vogliamo utilizzare, sempre sul nostro iPad, un'applicazione specializzata proprio in check-list possiamo rivolgerci a Checklist XL.

Nella Figura 91 è riportata la check-list che utilizzo settimanalmente in Checklist XL mentre nella Figura 92 è raffigurata la stessa check-list ma implementata in Evernote.

I momenti che compongono la verifica settimanale possono essere definiti come:

1. **Creazione stato zero:**

    a) **ricerchiamo** tutti gli elementi che sono entrati nella nostra sfera di attenzione durante la settimana su supporti cartacei come: biglietti da visita, ricevute da mettere in nota spese, documenti vari ecc. e li raggruppiamo. Facciamo lo stesso con le informazioni digitali che abbiamo immagazzinato sul nostro iPad nelle varie applicazioni e che non abbiamo già fatto convergere in formato e-mail nella nostra Inbox. Se pensiamo di non avere raggruppato tutto nella Inbox, andiamo ad aprire le applicazioni che utilizziamo (es. per prendere note, per gestire i progetti, ecc.) e inviamo tutti i dati per mail, sempre alla nostra posta elettronica. Se abbiamo adottato un unico contenitore digitale per i nostri appunti, come Evernote, possiamo anche decidere di includerlo tra i contenitori da svuotare. In questo caso avremo come contenitori da processare: la Inbox, Evernote e il contenitore dei documenti cartacei.

Questa è la soluzione che ho adottato.

b) **Formalizziamo** in una mail che mandiamo a noi stessi qualunque idea ci passi per la mente.

c) **Processiamo** sia i dati cartacei radunati insieme sia la nostra mailbox. Procederemo elemento per elemento, partendo dal primo e arrivando sino all'ultimo, seguendo il diagramma di flusso della metodologia (Figura 33). In questa fase dovremo combattere con la nostra naturale predisposizione a procrastinare quanto non ci piace o quanto abbiamo difficoltà a catalogare nel nostro sistema. La consapevolezza di questa nostra naturale tendenza ci aiuterà a vincerla. Giunti all'ultimo elemento avremo arricchito le nostre liste per contesto (attività/*task*) all'interno dell'applicazione o della *web application* che abbiamo deciso di utilizzare per implementare il nostro sistema, per esempio IQTELL, avendo archiviato o eliminato quanto processato.

2. **Revisione delle liste e dell'agenda:**

    a) Accedendo alla nostra applicazione iPad su cui teniamo le liste (es. IQTELL), marcheremo come completate le attività fatte e invieremo gli eventuali solleciti per e-mail per le attività delegate e non ancora concluse. Verificheremo così tutte le liste organizzate per contesto.

    b) Accedendo all'applicazione Calendario, rivedremo tutta la nostra settimana passata e creeremo eventuali attività o altri elementi da far entrare nel nostro sistema. Analizzeremo anche la settimana futura per valutare se dobbiamo creare o meno nuove azioni.

3. **Revisione dei progetti:** partendo dalla lista progetti, rivedremo ogni progetto in termini di scadenze, obiettivi, materiale di supporto

ecc.. La revisione della lista dei progetti possiamo farla con l'applicazione su cui risiedono anche tutte le altre liste (es. IQTELL) mentre per i progetti possiamo utilizzare il validissimo SG Project se ci serve uno strumento ad hoc per la gestione puntale degli stessi.

4. **Revisione delle check-list:** le liste di controllo sono utilissimi strumenti (basti per esempio citare quella riguardante la nostra verifica settimanale). Ma, anche loro hanno bisogno di verifiche che possono renderle sempre più efficaci o, semplicemente, possono eliminare sequenze di azioni non più necessarie perché, per esempio, è cambiato il processo a cui fanno riferimento. Per questa revisione è sufficiente aprire l'applicazione Checklist XL o Evernote o l'applicazione da noi scelta per gestire questa tipologia di liste e scorrere, una per una, le nostre liste di controllo.

5. **Revisione lista "Un giorno/forse – Somedays / Maybe":** trasformiamo in progetti, o singole attività atomiche, quelli per i quali abbiamo deciso di avere interesse e cancelliamo quelli che non ci interessano più.

Un'ultima verifica, ma non per questo meno importante, è quella dei nostri obiettivi personali e professionali a breve, medio e lungo termine. A questi possiamo dedicare una check-list ad hoc o creare dei progetti per ognuno di questi.

In questi obiettivi rientra per esempio il mio MBO annuale, gli obiettivi sul trimestre e quelli personali/professionali più ambiziosi, con un intervallo temporale più ampio, come il piano industriale dell'azienda, la carriera, ecc.

David Allen, per aiutarci a definire diversi livelli di obiettivi su cui focalizzarci, paragona le attività in corso e quelle che eseguiamo quotidianamente, alla pista di decollo di un aereo.

I nostri progetti in corso, oggetto della nostra verifica settimanale, sono paragonati al volo dell'aereo a quota 3.000 metri.

I nostri obiettivi mensili sono paragonati a un volo a 6.000 metri (nel mio caso rientrano tra questi obiettivi i miei target mensili di sviluppo business). I nostri obiettivi da raggiungere nell'anno in corso o entro il seguente sono rappresentati dalla quota di volo a 9.000 metri e richiedono una verifica trimestrale. Dobbiamo invece rivedere annualmente i nostri obiettivi a 3-5 anni, rappresentati metaforicamente dalla quota dei 12.000 metri. Spostandoci in una dimensione quasi "filosofica" ai 15.000 metri ritroviamo gli obiettivi legati al nostro scopo di vita, al nostro stile di vita, alla famiglia. Per questi obiettivi a lungo termine è sufficiente una verifica annuale.

Rivederli ci aiuta a scegliere, nel quotidiano, le azioni atomiche, la sommatoria delle quali ci porta al raggiungimento degli obiettivi che ci siamo dati o che ci hanno assegnato. Rivedere questi obiettivi, immaginandone anche il risultato, è il modo migliore per raggiungerli.

Il momento migliore per eseguire la verifica settimanale è il primo pomeriggio del venerdì: perché è terminata la settimana lavorativa e ci proiettiamo nella successiva. Nel primo pomeriggio siamo ancora in tempo per inviare eventuali solleciti per attività nella lista "Waiting for" e i nostri destinatari, non ancora partiti per il week end, possono leggere ancora le nostre mail. Farla il venerdì ci aiuta a vivere un sereno week end sicuri che il nostro sistema di gestione del tempo è a punto ed è sempre con noi, con il nostro iPad.

Flusso GTD® con iPad

Nella Figura 93 è riprodotto il flusso GTD® realizzato con applicazioni iPad (la versione originale di David Allen, da me rielaborata graficamente, è rappresentata nella Figura 33 (rielaborazione del *master workflow* di David Allen).

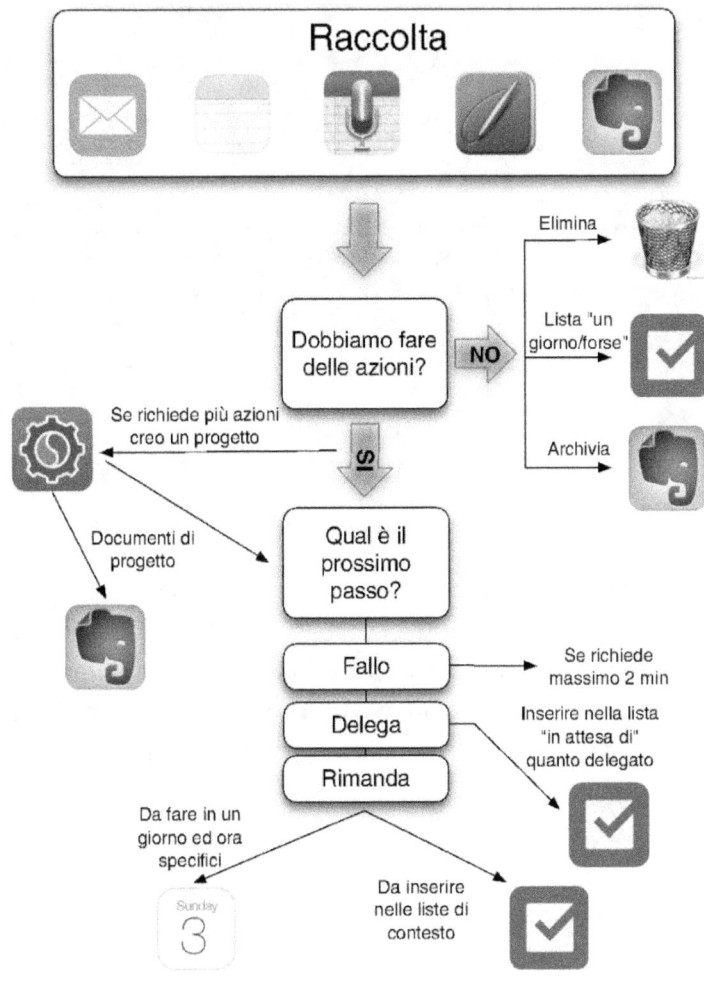

Figura 93

La nostra pagina principale applicazioni iPad per GTD®

Figura 94

Nella Figura 94 appare come potrebbe essere la pagina principale del nostro iPad per gestire il tempo e i progetti, con la metodologia di David Allen. Nelle prime due righe le applicazioni per la fase di raccolta, nella terza per processare, organizzare e per la verifica del sistema e a seguire le applicazioni che ci permettono di eseguire le attività.

Inbox Zero: applichiamo GTD® alla nostra mailbox

Il cervello umano, a differenza dei microprocessori, non è "progettato" per eseguire più' attività' in contemporanea e, quando cerca di farlo, perde in efficacia ed efficienza.

Non possiamo, quindi, portare avanti il nostro lavoro principale, come la stesura di un documento e, in contemporanea, processare decine di e-mail non appena queste arrivano nella nostra Inbox.

Anche se non ce ne rendiamo conto, il costo di passaggio continuo tra il lavoro intellettuale che stiamo facendo e l'e-mail è molto alto in termini di tempo e di concentrazione.

Per ovviare a tutto questo, se il nostro lavoro non consiste nel rispondere il più' velocemente possibile alle mail dei clienti, disattiviamo la *mail push* del nostro smartphone e modifichiamo l'intervallo di lettura del nostro client e-mail dai 2/5 minuti attuali a un'ora almeno.

Personalmente, preferisco addirittura chiudere il client della posta per non cadere in tentazione di cliccare su "invia e ricevi" quando sono impegnato su altro.

Cercando, pian piano, di trovare il coraggio di disattivare completamente il download automatico delle mail, decidiamo, noi stessi, quando dedicare uno slot del nostro tempo (per esempio 30 min) per processare le e-mail.

Quest'approccio è stato definito dall'esperto di produttività Merlin Mann, Inbox Zero, inteso non come l'obiettivo di azzerare sempre le e-mail nella nostra Inbox ma di azzerare il tempo in cui il nostro cervello è impegnato a scorrere le e-mail, scegliendo quale processare per prima e procrastinando quelle più' "noiose" o meno piacevoli.
Spesso confondiamo la lista di e-mail nella nostra Inbox con la lista dei

compiti che dobbiamo portare avanti.

Quando, consapevolmente, scegliamo l'intervallo di tempo da dedicare a processare le e-mail, quale metodo possiamo applicare per essere efficienti ed efficaci?

Mann suggerisce di applicare il metodo GTD® di David Allen per processare il contenuto dell'Inbox.

Partiamo dalla prima e-mail ricevuta e, vincendo la naturale propensione dell'uomo a procrastinare quello che meno gli piace, decidiamo cosa fare per quella mail.

Ovvero, decidiamo se cancellarla definitivamente o archiviarla se siamo certi non richieda nessuna azione immediata da parte nostra ma potrebbe esserci utile in futuro, o delegarla.

Se la deleghiamo a qualcuno, ricordiamoci di trascrivere in una lista ad hoc a chi la abbiamo delegata e quando, in modo che periodicamente, una volta al giorno o alla settimana, scorriamo questa lista e spuntiamo le attività delegate che ci sono tornate indietro o inviamo all'interessato un eventuale sollecito.

Se la mail richiede, invece, una nostra azione diretta e quest'azione, siamo certi non ci richieda più di due minuti, l'ideale è farla subito perché, come già evidenziato nei capitoli precedenti, impiegheremmo più' tempo a prendere nota di quest'attività che eseguirla subito.

Come ci insegna David Allen, se l'attività' da svolgere ci richiede più' di due minuti dobbiamo memorizzarla in una lista ad hoc o in un folder.

Mentre processiamo una per una le e-mail (nessuna deve rimanere nella Inbox) ricordiamoci che non dobbiamo fare quello che richiede la mail, se questo ci comporta più di due minuti, ma solo classificare quello che dobbiamo fare. Decideremo poi, in base a diversi criteri, di quale attività occuparci prima.

Una volta processate le e-mail, avremo cancellato quelle inutili, delegato quelle delegabili, organizzato in liste o folder quelle su cui dobbiamo agire e che ci richiede più' di due minuti.

Potremo ora tornare sereni al nostro lavoro messo in pausa per processare le e-mail o, se lo avevamo finito, decidere su quale prossima attività' porre la nostra attenzione scegliendola tra le liste popolate con le e-mail o i folder.

Quando decidiamo la durata dell'intervallo di tempo da dedicare alla nostra Inbox per processarne il contenuto con il GTD, ricordiamoci la nostra naturale caratteristica di saturare l'intervallo di tempo da noi scelto. Se abbiamo anche solo 10 e-mail da processare e decidiamo che ci necessita un'ora per processarle, potete stare certi che, inconsapevolmente, dilateremo l'applicazione del GTD sino a saturare l'ora.

Le prime volte che applicheremo la metodologia di Allen alla Inbox cadremo facilmente nell'errore di eseguire quanto richiesto nelle mail, anche se questo ci richiede più di due minuti. Per ovviare a questa naturale tendenza dobbiamo ripercorrere, visivamente o con la nostra memoria, il flusso GTD ponendoci tutte le domande che ci fanno avanzare nei vari stadi che lo compongono.

Un valido esercizio che applico quasi quotidianamente è una semplice sfida con me stesso, ovvero, quando decido di allocare 10 minuti o un multiplo di questi per processare l'e-mail prendo nota di quante e-mail sono presenti nella Inbox e faccio partire il conto alla rovescia sul telefono pari ai minuti da me scelti per l'attività. Al suono del timer verifico quante e-mail sono rimaste nella Inbox e la differenza rappresenta il numero di e-mail che sono stato in grado di processare nell'intervallo di tempo.

Questo semplice giochino mi permette di processare più e-mail a parità d'intervallo di tempo allocato.

La consapevolezza di un timer mi spinge a non perdermi in riflessioni inutili in questa fase di analisi della Inbox.

Per avere un numero sempre minore di e-mail da processare possiamo adottare alcuni accorgimenti:

- a) chiedere ai colleghi di metterci in copia solo quando realmente necessario;
- b) cancellarci dalle *newsletter* e *mailing list* alle quali non siamo più interessati;
- c) se riceviamo spam, adottare "a monte" un filtro;
- a) eliminare le e-mail di notifica dai *social network*;
- b) sfruttare i time pocket, i "momenti morti", come l'attesa di un volo o il tragitto quotidiano al lavoro in treno per processare quello che possiamo con i nostri *device* mobili;

Esiste un servizio molto utile per cancellarci con pochi click da numerose mailing list non più desiderate: https://unroll.me/

L'approccio Inbox Zero è applicabile a tutte le mailbox che siamo soliti leggere, anche se l'ideale sarebbe farle convergere tutte in una.

Quando entreremo a regime con la metodologia, ovvero definiremo un numero finito d'intervalli di tempo durante la nostra giornata per processare la Inbox (io generalmente ne prevedo 4) quest'attività ci richiederà solo pochi minuti.

Ma, prima di aver raggiunto questo stato "zen" della Inbox, dobbiamo affrontare il migliaio, se non di più, di e-mail che affollano la nostra Inbox.

Per farlo non ci resta che procedere come ci insegna Allen anche per il mondo fisico, ovvero iniziare ad analizzare le e-mail partendo dalla più vecchia verso la più recente e non passare mai alla successiva se non abbiamo deciso cosa fare della mail corrente.

Quando, circa una decina di anni fa, ho iniziato ad applicare a tutto il mio mondo, sia analogico/cartaceo sia digitale, il GTD, la mia Inbox conteneva più di un migliaio di e-mail e l'attività mi aveva richiesto diversi giorni di lavoro.

Dopo i primi momenti di sconforto ho trovato piacere ad analizzare e decidere cosa fare di mail vecchie di numerosi mesi (la maggior parte processate ma abbandonate nella Inbox come fosse un archivio).

Processare quelle e-mail mi generò moltissime nuove idee che non avrei mai avuto se non avessi deciso di processarle tutte.

BIBLIOGRAFIA

Blog, Forum e Siti Web

- LinkedIn - Getting Things Done® - Network of GTD® Enthusiasts[5]

- Lifehacker (http://lifehacker.com)
- 43folders (http://43folders.com)
- Personal Excellence (http://personalexcellence.co)
- Zenhabits (http://zenhabits.net)
- Getting Things Done® Outlook® Add-In (https://www.gtdoa.com)

E-book

- 10 Rules of super productive people, Celestine Chua

- GTD® SETUP GUIDES, David Allen

---

[5]http://www.linkedin.com/groups?home=&gid=2328651&trk=anet_ug_hm

E-book in iBookStore

- Il Manuale del Coach, Robert Dilts

- Fatto e bene!, David Allen

- Getting Things Done, David Allen

- GTD® Il metodo migliore per organizzare la tua vita - Sperling Tips di David Allen

- Mappe Mentali per il mondo del lavoro di Tony Buzan & Chris Griffiths

RINGRAZIAMENTI

Questo libro non avrebbe mai visto la luce senza il supporto e la comprensione di mia moglie Daniela. Ringrazio anche tutti gli amici e i colleghi per i preziosi consigli dati e mia madre per la correzione delle bozze.

www.ingramcontent.com/pod-product-compliance
Lightning Source LLC
Chambersburg PA
CBHW051644170526
45167CB00001B/325